P. Rempel

Partnerwahl aus biblischer Sicht

P. Rempel

Partnerwahl

aus biblischer Sicht

CHRISTLICHE
MISSIONS-
VERLAGS-
BUCHHANDLUNG

ISBN 3-932308-05-0

© 1997: CMVB, Christliche Missions-Verlags-
Buchhandlung, Bielefeld

Gesamtgestaltung: CMVB
Druck: Elsnerdruck

Printed in Germany

Inhaltsverzeichnis

Vorwort

Die Wahl des Ehepartners ist eine der wichtigsten Entscheidungen, die ein Mensch hier auf Erden zu treffen hat. Von daher sollte diese Entscheidung einen besonderen Stellenwert, sowohl im persönlichen als auch im Gemeindeleben, haben.

Ob die Ehe glücklich ist oder nicht, hängt zum großen Teil davon ab, wie die Wahl getroffen wird. Ob unsere Ehe ein Stück Himmel oder eine Hölle schon hier auf Erden sein wird, entscheidet sich oft in der Partnerwahl, denn die Wahl gehört zur Grundlegung einer Ehe.

Die Ehe sollte ein Vorgeschmack des Himmels sein, ein Ort der Liebe und Geborgenheit, ein Ort wo Menschen sind, die mich verstehen und ermutigen, und wenn die ganze Welt mich nicht zu verstehen scheint, so ist die Familie ein Zufluchtsort. Jemand sagte: »Meine Familie ist wie ein Blumengarten mit vielen verschiedenen Blumen. Jede Blume hat ihren eigenen Duft und ihre Schönheit. Ich fühle mich darin so wohl.« Das kann und soll eine Familie (Ehe) sein.

Andererseits wissen wir, daß es in zunehmendem Maße in den Ehen ganz anders aussieht: anstelle von Liebe Haß, anstelle von Gemeinschaft Einsamkeit, anstelle von Freude Streit usw. Ein Vorgeschmack der Hölle hier schon auf Erden, wo sich zwei Menschen gegenseitig zerreiben und das Leben schwer machen. Das Schlimme dabei ist, daß die Kinder und viele andere in ihre Probleme mit hineingezogen werden. Wenn wir an die vielen Ehescheidungen denken, die zahlenmäßig noch ständig zunehmen, so kann man das Elend, das dahinter steht, wohl kaum erahnen. Die Gründe, warum die Ehen zerbrechen oder alles andere als ein Vorgeschmack des Himmels sind, können verschieden sein. Aber eine Ursache ist sicher, daß der Anfang, der Grund, verkehrt gelegt worden ist, und dazu gehört die Wahl des Ehepartners.

Vor ungefähr 20 Jahren waren wir auf der Suche nach einem Haus. Bei den Besichtigungen merkten wir, daß ein Haus, das uns zunächst sehr gefiel, viele Risse hatte. Als wir fragten, wieso das Haus so viele Risse hat, wurde uns gesagt: »Es hat schlechte Fundamente.«

In vielen Ehen sieht es so ähnlich aus. Die Fundamente sind nicht in Ordnung oder fehlen überhaupt. Darum gibt es viele Nöte und Probleme. Und wie schon gesagt, die Wahl des Ehepartners gehört dazu.

Nun stellt sich bei uns wohl die Frage: »Wo beginnt die Grundlegung für die Ehe?« Da wo zwei Menschen zusammen auf der Straße gehen oder wo sich zwei Menschen vor dem Altar die Treue versprechen? Oder...? Ich glaube, das beginnt noch viel, viel früher. Es beginnt da, wo ein Herz für das andere zu schlagen anfängt. Wo ein Junge merkt, daß es noch eine andere Sorte von Menschen auf der Erde gibt, die recht interessant ist, oder ein Mädchen anfängt, rot und etwas unsicher beim Anblick eines bestimmten Jungen zu werden.

Ich glaube, daß spätestens das der Moment im Leben eines Menschen ist, in dem er ordentliche biblische Unterweisung in dieser Frage braucht; anders werden sich die jungen Menschen sehr bald weltliche Maßstäbe aneignen, und die Folgen davon haben wir vor unseren Augen. Die Scheidungsrate wächst, die Ehen und Familien zerbröckeln.

Seit Beginn meiner Jugend- und Gemeindearbeit hatte ich immer schon den Wunsch, den jungen Leuten ein kleines Büchlein in die Hand zu drücken, wo sie das Gehörte noch einmal nachlesen können, um die biblischen Wahrheiten im Blick auf die Wahl des Ehepartners zu vertiefen. Das war die Motivation zur Entstehung dieses Büchleins.

Alle Beispiele und Namen, die ich verwendet habe, sind so geändert, daß niemand identifiziert werden kann.

Möge der Herr dies Büchlein segnen, damit junge Geschwister im Glauben eine gottgewollte Wahl des Ehepartners treffen.

Der Verfasser

Der Verfasser, Peter Rempel, 51 Jahre alt, war viele Jahre in der Jugendarbeit tätig und ist mit Fragen der jungen Leute zur Partnerwahl gut vertraut. Seit über zehn Jahren steht er nun im Ältestendienst der Mennonitengemeinde Bielefeld.

Der Herausgeber

Partnerwahl aus

Einleitung

Eine biblische Betrachtung zum Thema »Wahl des Ehepartners« kann man unterschiedlich und von verschiedenen Seiten angehen. Ich ziehe es vor, das anhand von 1. Mose 24 zu tun. In diesem Kapitel wird uns geschildert, wie Isaak, der Sohn Abrahams, zu einer Frau kommt. Es ist die einzige Geschichte, die so gebündelt die Wahl des Ehepartners wiedergibt.

1. Mose 24: V. 1-4 »Abraham war alt und hochbetagt und der Herr hatte ihn gesegnet allenthalben. Und er sprach zu dem ältesten Knecht, der allen seinen Gütern vorstand: Lege deine Hand unter meine Hüfte und schwöre mir bei dem Herrn, dem Gott des Himmels und der Erde, daß du meinem Sohn keine Frau nehmest von den Töchtern der Kanaaniter, unter denen ich wohne, sondern daß du ziehest in mein Vaterland und zu meiner Verwandtschaft und nehmest meinem Sohn Isaak dort eine Frau.

V. 5-9 Der Knecht sprach: Wie, wenn das Mädchen nicht folgen wollte in dies Land, soll ich deinen Sohn zurückbringen in jenes Land, von dem du ausgezogen bist? Abraham sprach zu ihm: Davor hüte dich, daß du meinen Sohn wieder dahin bringest! Der Herr, der Gott des

biblischer Sicht

Himmels, der mich von meines Vaters Haus genommen hat und von meiner Heimat, der mir zugesagt hat und mir auch geschworen hat: Dies Land will ich deinen Nachkommen geben -, der wird seinen Engel vor dir her senden, daß du meinem Sohn dort eine Frau nehmest. Wenn aber das Mädchen dir nicht folgen will, so bist du dieses Eides ledig. Nur bringe meinen Sohn nicht wieder dorthin! Da legte der Knecht seine Hand unter die Hüfte Abrahams, seines Herrn, und schwor es ihm.

V. 10-14 So nahm der Knecht zehn Kamele von den Kamelen seines Herrn und zog hin und hatte mit sich allerlei Güter seines Herrn und machte sich auf und zog nach Mesopotamien, zu der Stadt Nahors. Da ließ er die Kamele sich lagern draußen vor der Stadt bei dem Wasserbrunnen des Abends um die Zeit, da die Frauen pflegten herauszugehen und Wasser zu schöpfen. Und er sprach: Herr, du Gott Abrahams, meines Herrn, laß es mir heute gelingen, und tu Barmherzigkeit an Abraham, meinem Herrn! Siehe, ich stehe hier bei dem Wasserbrunnen, und die Töchter der Leute in dieser Stadt werden herauskommen, um Wasser zu schöpfen. Wenn nun das Mädchen kommt, zu dem ich spreche: Neige deinen Krug und laß mich trinken, und es sprechen wird: Trinke, ich will deine Kamele auch tränken -, das sei die, die

Partnerwahl aus

du deinem Diener Isaak beschert hast, und daran werde ich erkennen, daß du Barmherzigkeit an meinem Herrn getan hast.

V. 15-20 Und ehe er ausgeredet hatte, siehe, da kam heraus Rebekka, die Tochter Betuels, der ein Sohn der Milka war, die Frau Nahors, des Bruders Abrahams, war, und trug einen Krug auf der Schulter. Und das Mädchen war sehr schön von Angesicht, eine Jungfrau, die noch von keinem Manne wußte. Die stieg hinab zum Brunnen und füllte den Krug und stieg herauf. Da lief ihr der Knecht entgegen und sprach: Laß mich ein wenig Wasser aus deinem Kruge trinken. Und sie sprach: Trinke, mein Herr! Und eilends ließ sie den Krug hernieder auf ihre Hand und gab ihm zu trinken. Und als sie ihm zu trinken gegeben hatte, sprach sie: Ich will deinen Kamelen auch schöpfen, bis sie alle genug getrunken haben. Und eilte und goß den Krug aus in die Tränke und lief abermals zum Brunnen, um zu schöpfen, und schöpfte allen seinen Kamelen.

V. 21-28 Der Mann aber betrachtete sie und schwieg still, bis er erkannt hätte, ob der Herr zu seiner Reise Gnade gegeben hätte oder nicht. Als nun die Kamele alle getrunken hatten, nahm er einen goldenen Stirnreif, sechs Gramm schwer, und zwei goldene Armreifen für ihre Hände, hundertundzwanzig Gramm

biblischer Sicht

schwer, und sprach: Wessen Tochter bist du? das sage mir doch! Haben wir auch Raum in deines Vaters Hause, um zu herbergen? Sie sprach zu ihm: Ich bin die Tochter Betuels, des Sohnes der Milka, den sie dem Nahor geboren hat. Und sagte weiter zu ihm: Es ist auch viel Stroh und Futter bei uns und Raum genug, um zu herbergen. Da neigte sich der Mann und betete den Herrn an und sprach: Gelobt sei der Herr, der Gott Abrahams, meines Herrn, der seine Barmherzigkeit und seine Treue von meinem Herrn nicht hat weichen lassen; denn der Herr hat mich geradewegs geführt zum Hause des Bruders meines Herrn. Und das Mädchen lief und sagte dies alles in ihrer Mutter Hause.

V. 29-32   Und Rebekka hatte einen Bruder, der hieß Laban; und Laban lief zu dem Mann draußen bei dem Brunnen. Denn als er den Stirnreif und die Armreifen an den Händen seiner Schwester gesehen hatte und die Worte Rebekkas, seiner Schwester, gehört hatte: So hat mir der Mann gesagt -, da kam er zu dem Mann, und siehe, er stand bei den Kamelen am Brunnen. Und er sprach: Komm herein, du Gesegneter des Herrn! Warum stehst du draußen? Ich habe das Haus bereitet und für die Kamele auch Raum gemacht. Da führte er den Mann ins Haus und zäumte die Kamele ab und gab ihnen Stroh und

Partnerwahl aus

Futter, dazu auch Wasser, zu waschen seine Füße und die Füße der Männer, die bei ihm waren.

V. 33-41   Und man setzte ihm Essen vor. Er sprach aber: Ich will nicht essen, bis ich zuvor meine Sache vorgebracht habe. Sie antworteten: Sage an! Er sprach: Ich bin Abrahams Knecht. Und der Herr hat meinen Herrn reich gesegnet, daß er groß geworden ist, und hat ihm Schafe und Rinder, Silber und Gold, Knechte und Mägde, Kamele und Esel gegeben. Dazu hat Sara, die Frau meines Herrn, einen Sohn geboren meinem Herrn in seinem Alter; dem hat er alles gegeben, was er hat. Und mein Herr hat einen Eid von mir genommen und gesagt: Du sollst meinem Sohn keine Frau nehmen von den Töchtern der Kanaaniter, in deren Land ich wohne, sondern zieh hin zu meines Vaters Haus und zu meinem Geschlecht; dort nimm meinem Sohn eine Frau. Ich sprach aber zu meinem Herrn: Wie, wenn mir das Mädchen nicht folgen will? Da sprach er zu mir: Der Herr, vor dem ich wandle, wird seinen Engel mit dir senden und Gnade zu deiner Reise geben, daß du meinem Sohn eine Frau nehmest von meiner Verwandtschaft und meines Vaters Hause. Dann sollst du deines Eides ledig sein: Wenn du zu meiner Verwandtschaft kommst und

biblischer Sicht

sie geben sie dir nicht, so bist du deines Eides ledig.

V. 42-48 So kam ich heute zum Brunnen und sprach: Herr, du Gott Abrahams, meines Herrn, hast du Gnade zu meiner Reise gegeben, auf der ich bin, siehe, so stehe ich hier bei dem Wasserbrunnen. Wenn nun ein Mädchen herauskommt, um zu schöpfen, und ich zu ihr spreche: Gib mir ein wenig Wasser zu trinken aus deinem Krug, und sie sagen wird: Trinke du, ich will deinen Kamelen auch schöpfen -, das sei die Frau, die der Herr dem Sohn meines Herrn beschert hat. Ehe ich nun diese Worte ausgeredet hatte in meinem Herzen, siehe, da kommt Rebekka heraus mit ihrem Krug auf ihrer Schulter und geht hinab zum Brunnen und schöpft. Da sprach ich zu ihr: Gib mir zu trinken. Und sie nahm eilends den Krug von ihrer Schulter und sprach: Trinke, und deine Kamele will ich auch tränken. Da trank ich, und sie tränkte die Kamele auch. Und ich fragte sie und sprach: Wessen Tochter bist du? Sie antwortete: Ich bin die Tochter Betuels, des Sohnes Nahors, den ihm die Milka geboren hat. Da legte ich einen Reif an ihre Stirn und Armreifen an ihre Hände und neigte mich und betete den Herrn an und lobte den Herrn, den Gott Abrahams, meines Herrn, der mich den rechten Weg geführt hat,

Partnerwahl aus

daß ich für seinen Sohn die Tochter des
Bruders meines Herrn nehme.

V. 49-54   Seid ihr nun die, die an meinem Herrn
Freundschaft und Treue beweisen wollen, so
sagt mir's; wenn nicht, so sagt mir's auch,
daß ich mich wende zur Rechten oder zur
Linken. Da antworteten Laban und Betuel
und sprachen: Das kommt vom Herrn, darum
können wir nichts dazu sagen, weder Böses
noch Gutes. Da ist Rebekka vor dir, nimm sie
und zieh hin, daß sie die Frau sei des Sohnes
deines Herrn, wie der Herr geredet hat. Als
Abrahams Knecht diese Worte hörte, neigte
er sich vor dem Herrn bis zur Erde. Danach
zog er hervor silberne und goldene Kleinode
und Kleider und gab sie Rebekka; auch ihrem
Bruder und der Mutter gab er kostbare
Geschenke. Dann aß und trank er samt den
Männern, die mit ihm waren, und sie blieben
über Nacht allda. Am Morgen aber standen
sie auf, und er sprach: Laßt mich ziehen zu
meinem Herrn.

V. 55-61   Aber ihr Bruder und ihre Mutter sprachen:
Laß doch das Mädchen noch einige Tage bei
uns bleiben; danach sollst du ziehen. Da
sprach er zu ihnen: Haltet mich nicht auf,
denn der Herr hat Gnade zu meiner Reise
gegeben. Laßt mich, daß ich zu meinem Herrn
ziehe. Da sprachen sie: Wir wollen das

biblischer Sicht

Mädchen rufen und fragen, was sie dazu sagt. Und sie riefen Rebekka und sprachen zu ihr: Willst du mit diesem Manne ziehen? Sie antwortete: Ja, ich will es. Da ließen sie Rebekka, ihre Schwester, ziehen mit ihrer Amme, samt Abrahams Knecht und seinen Leuten. Und sie segneten Rebekka und sprachen zu ihr: Du, unsere Schwester, wachse zu vieltausendmal tausend, und dein Geschlecht besitze die Tore seiner Feinde. So machte sich Rebekka auf mit ihren Mägden, und sie setzten sich auf die Kamele und zogen dem Manne nach. Und der Knecht nahm Rebekka und zog von dannen.

V. 62-67 Isaak aber war gezogen zum »Brunnen des Lebendigen, der mich sieht« und wohnte im Südlande. Und er war ausgegangen, um zu beten auf dem Felde gegen Abend, und hob seine Augen auf und sah, daß Kamele daherkamen. Und Rebekka hob ihre Augen auf und sah Isaak; da stieg sie eilends vom Kamel und sprach zu dem Knecht: Wer ist der Mann, der uns entgegenkommt auf dem Felde? Der Knecht sprach: Das ist mein Herr. Da nahm sie den Schleier und verhüllte sich. Und der Knecht erzählte Isaak alles, was er ausgerichtet hatte. Da führte sie Isaak in das Zelt seiner Mutter Sara und nahm Rebekka, und sie wurde seine Frau, und er

Partnerwahl aus

*gewann sie lieb. Also wurde Isaak getröstet
über seine Mutter.*

Ich kann mir gut vorstellen, daß nach dem Lesen dieser Bibelstelle so mancher sagen wird: »Nun das geht doch heute nicht, wir leben in einer anderen Zeit.«

Welch ein junger Mann würde heute darauf eingehen, daß der beste Freund des Vaters für ihn eine Ehefrau aussuchen sollte? (Egal wie geistlich er auch sein mag.)

Wo finden wir heute ein gesund denkendes Mädchen, das bereit wäre, mit jemandem die Ehe einzugehen, den sie noch nie gesehen oder gesprochen hat?

Nun, die Kultur hat sich sehr verändert. Genauer gesagt, wir haben im Westen eine andere Kultur; und die Kultur von damals können wir mit Sicherheit nicht in unsere Zeit übertragen.

Das, was Abraham und sein Knecht getan haben, tut heute ein junger Mann selbst; und das, was Rebekka und ihr Haus getan haben, tut heute ein junges Mädchen. Obwohl wir nicht alles exakt trennen können. Wenn sich auch die Kultur verändert hat und wahrscheinlich immer wieder verändern wird, bleiben die wichtigsten Prinzipien und Vorgehensweisen für die Wahl des Ehepartners unverändert und darüber wollen wir in der folgenden Betrachtung miteinander nachdenken.

Sieben Prinzipien für die Wahl des Ehepartners

Vertrauen auf Gott

Wie reagiert, oder was macht ein junger Mensch, wenn seine Gefühle auf einmal wach werden? Wenn sein Herz beginnt, für jemanden so ganz anders zu schlagen? Was tut ein älteres Mädchen, wenn zu ihr kein Bewerber kommt? Was unternehmen wir Eltern, wenn wir so gerne möchten, daß unser Kind heiratet? Oder was tut ein junger Mann, wenn das Mädchen auf seinen Heiratsantrag mit »Nein« antwortet? Vor solchen und ähnlichen Problemen stehen wir Menschen und das nicht selten.

Als Christen sollten wir jede Situation in unserem Leben unserem Herrn anvertrauen und in seine Hände legen. Vertrauen, daß er alles richtig regeln wird, und vor allem zu unserem Besten. Wenn es auch am Ende vielleicht nicht alles so sein wird, wie wir uns das vorgestellt haben. Ein Gläubiger sollte die Wahl des Ehepartners auf jeden Fall in die Hand Gottes legen und ihm vertrauen, daß er alles zum Besten ausführen wird.

Leider hat die Sünde bei uns so viel zerbrochen, daß es gerade am Gottvertrauen oft sehr mangelt. Nicht

Partnerwahl aus

selten klären wir all diese Fragen und Probleme losgelöst von Gott. Alleine, nach eigener Vorstellung und Gefühlen; daß man sich dadurch noch mehr Nöte und Probleme bereitet, versteht sich von selbst.

Z.B.: Einem jungen Mann gefiel ein hübsches Mädchen, ebenfalls noch recht jung. Ohne groß zu überlegen, geschweige denn darüber zu beten, sprach er sie an. Sie reagierte so ähnlich und so entstand zwischen den beiden eine Beziehung, die sehr bald in die Brüche ging. Sie waren zu jung. Das hatten sie sehr bald selber gemerkt, und darüber hinaus waren die Eltern mit ihrer Freundschaft auch nicht einverstanden. All dieses Herzeleid, Sorgen und Gespräche hätten sie sich ersparen können, wenn sie ihr inneres Empfinden dem Herrn anvertraut hätten und sich von ihm hätten leiten lassen.

Ein Mädchen wollte sehr gerne heiraten. Anstatt alles in die Hände Gottes zu legen und ihm das Vertrauen in dieser Frage zu schenken, unternahm sie selber so manches, um zu einem Mann zu kommen. Bei der Suche stieß sie auf einen ungläubigen verheirateten Mann. Nach einer Zeit zerbrach die Ehe des Mannes und sie heiratete ihn. Aus einer Not entstand eine noch größere Not, oder man kann sagen viele Nöte, Probleme, Herzeleid und Tränen.

Solche und ähnliche Begebenheiten treffen wir leider nicht selten auch in gläubigen Kreisen an.

Ein viel besserer und vor allem biblischer Weg wäre, wenn man die ganze Angelegenheit in die Hände Gottes gelegt und ihm das völlige Vertrauen geschenkt hätte.

Genau das finden wir in unserer Bibelstelle. Die Betroffenen blickten im Glauben und in der Hoffnung nach oben zum Herrn und vertrauten ihm, daß er alles gut und richtig machen würde.

1. Mose 24,7: »Der Herr, der Gott des Himmels, ... der wird seinen Engel vor dir her senden, daß du meinem Sohn dort eine Frau nehmest.«

Diese Worte sagte Abraham zu seinem Knecht, der ihn fragte, ob er seinen Sohn zum Mädchen bringen sollte, falls sie nicht bereit wäre mitzukommen. Aber Abraham hatte weder Fragen noch Bedenken. Er vertraute Gott. Abrahams Aussage bringt Folgendes zum Ausdruck: »Gott wird schon alles gut machen.« Aus seinen Worten klingt ein großes Gottvertrauen heraus. Weil er alles in die Hände Gottes gelegt hatte, war er ruhig und gelassen.

Nicht nur Abraham, sondern auch sein Knecht war ruhig und vertraute auf den Herrn. Aus seinen Gebeten zum Herrn können wir es heraushören.

1. Mose 24,12: »Und er sprach: Herr, du Gott Abrahams, meines Herrn, laß es mir heute gelingen und tue Barmherzigkeit an Abraham, meinem Herrn«.

Partnerwahl aus

1. Mose 24,26.27: »Da neigte sich der Mann und betete den Herrn an und sprach: Gelobt sei der
Herr, der Gott Abrahams, meines Herrn, der
seine Barmherzigkeit und seine Treue von
meinem Herrn nicht hat weichen lassen; denn
der Herr hat mich geradewegs geführt zum
Hause des Bruders meines Herrn.«

Wenn wir die ganze Begebenheit in 1. Mose 24 im
Blick auf das Gottvertrauen lesen, merken wir sehr
bald, daß alle Betroffenen nach oben auf den Herrn
schauten, ihm vertrauten, und ihre Angelegenheit in
die Hände Gottes gelegt hatten.

Dieser erste Schritt oder diese Reaktion bei der
Wahl des Ehepartners ist sehr entscheidend für die
weiteren Schritte.

Alle Betroffenen sollten ihren inneren Blick nach
oben zum Herrn richten und ihm das Vertrauen in
dieser so wichtigen Angelegenheit schenken. Es wäre
gut, wenn die ganze Familie diese innere Haltung
einnehmen und in dieser Entscheidung mit einbezogen würde, - Vater, Mutter, ältere Geschwister und
eventuell Großeltern. Zusammen klärt man diese
Angelegenheit vor dem Herrn in seiner Abhängigkeit.

Gebet

Das Gebet spielt bei der Wahl des Ehepartners eine
sehr große Rolle. Damit treten wir mit dem Herrn in

Verbindung und bekommen Anweisungen fürs Leben. Von daher ist es unmöglich für einen Christen, diese Entscheidung ohne Gebet zu treffen.

In der Begebenheit mit Isaak und Rebekka wurde viel gebetet. Nicht nur um Führung wurde gebetet, sondern die gesamte Angelegenheit wurde vor dem Herrn geklärt, und das können wir bei allen Beteiligten sehen.

Abraham hat gebetet:

1. Mose 24,3: »und schwöre mir bei dem Herrn, dem Gott des Himmels und der Erde...«

1. Mose 24,7: »Der Gott des Himmels, der mich von meines Vaters Hause genommen hat ..., - der wird seinen Engel vor dir her senden, daß du meinem Sohn dort eine Frau nehmest.«

Es ist zwar kein direktes Gebet, aber diese Aussagen sprechen von einer tiefen inneren Überzeugung, daß der Herr bei diesem Vorhaben richtig führen wird. Es wurde alles vor dem Herrn getan, und wir können annehmen, daß Abraham davor viel darüber mit dem Herrn gesprochen hat.

Der Knecht hat gebetet:

1. Mose 24,12: »Und er sprach: Herr, du Gott Abrahams, meines Herrn, laß es mir heute gelingen und tue Barmherzigkeit an Abraham, meinem Herrn.«

Partnerwahl aus

1. Mose 24,26.27: »Da neigte sich der Mann und betete den Herrn an und sprach: Gelobt sei der Herr, der Gott Abrahams, meines Herrn, der seine Barmherzigkeit und seine Treue von meinem Herrn nicht hat weichen lassen; denn der Herr hat mich geradewegs geführt zum Hause des Bruders meines Herrn.«

Auch <u>Isaak</u> betete:

1. Mose 24,63: »Und er war ausgegangen, um zu beten auf dem Feld gegen Abend, und hob seine Augen auf und sah, daß Kamele daherkamen.«

Der Inhalt dieses Gebets ist uns zwar nicht bekannt, aber wir können es uns kaum vorstellen, daß ihm die Angelegenheit mit seiner Heirat nicht am Herzen lag. Von daher wird er auch viel darum gebetet haben.

Aus der Geschichte von Isaak und Rebekka können wir sehr deutlich entnehmen, daß alle Beteiligten viel gebetet und die Angelegenheit vor dem Herrn geklärt haben. Wie vorher schon gesagt, haben sie ihren Blick nach oben gehalten und viel gebetet.

Was können wir daraus lernen? Der Herr hat gesagt, daß er uns nicht versäumen wird noch verlassen (Hebr. 13,5). Daß nicht ein Haar von unserem Haupte fallen wird ohne sein Wissen (Luk. 21, 18), und daß er uns führen und leiten wird. Sollte ihm die Wahl des Ehepartners unwichtig sein? Niemals. Von daher sollten auch wir heutzutage viel um die Führung bitten, damit wir keine Fehler machen, und daß der Herr uns Schritt für Schritt bis zur vollen Klarheit führt.

Beten sollten alle Beteiligten: Die jungen Menschen, die betroffen sind, und die Eltern, denn wem liegt es noch näher am Herzen als ihnen?!

Eventuell sogar gute Freunde oder auch Geschwister in der Gemeinde, die um die Angelegenheit Bescheid wissen.

Die Führung Gottes bei der Wahl des Ehepartners sollte auch Angelegenheit der ganzen Gemeinde sein, so daß man von Zeit zu Zeit bewußt dafür betet, daß die jungen Geschwister in der Gemeinde richtige Entscheidungen treffen.

Nur noch ein kurzer Hinweis zum Gebet. Ich denke, daß wir dem Herrn unsere Wünsche offen sagen können: wer uns gefällt und wen wir gerne als Ehemann oder Ehefrau haben möchten. Aber bei all unseren Wünschen sollten wir für die Führung und den Willen Gottes offen bleiben.

Mit anderen Worten gesagt, wir sollten unseren Willen zurückstellen, damit wir die Stimme Gottes nicht überhören.

Ein junger Mann sagte mir einmal: »Weißt du, ich bete, aber ich muß immer wieder an ein Mädchen denken, das ich nicht haben möchte.« Er hatte

Befürchtungen, daß der Herr ihn auf sie lenken würde, und davor hatte er Angst. Ich mußte ihm damals sagen: »Höre auf zu beten. Das klingt gar nicht nach einem Gottvertrauen. Du hast Angst, der Herr wird dir was andrehen und dir die Freude am Leben verderben.« Wenn wir beten, sollten wir Gott das ganze Vertrauen schenken und für seine Führung offen sein, so wie der Knecht Abrahams es getan hat.

Gläubig

Für einen Gläubigen kommt bei der Wahl des Ehepartners nur ein Gläubiger in Frage. Unter »gläubig« verstehen wir, daß ein Mensch eine persönliche Entscheidung für Jesus Christus getroffen und sein Leben unter seine Herrschaft gestellt hat; oder anders gesagt, daß er im Sinne der Bibel wiedergeboren ist.

Im Leben gibt es viele Fragen, zu denen die Bibel keine klare Stellung nimmt, aber zu der Frage, ob ein Gläubiger einen Ungläubigen heiraten darf, spricht die Bibel sehr deutlich und klar. Es geht wie ein roter Faden durch die ganze Schrift, daß für einen Gläubigen kein Ungläubiger in Frage kommt!

In unserer Geschichte mit Isaak und Rebekka kommt diese Wahrheit auch sehr deutlich zum Vorschein.

1. Mose 24, 3-4: »und schwöre mir bei dem Herrn, dem Gott des Himmels und der Erde, daß du mei-

> *nem Sohn keine Frau nehmest von den*
> *Töchtern der Kanaaniter, unter denen ich*
> *wohne, sondern daß du ziehst in mein*
> *Vaterland und zu meiner Verwandtschaft und*
> *nehmest meinem Sohn Isaak dort eine Frau.«*

Warum sollte Isaak keine Frau von den umliegenden Völkern bekommen? Unter den Kanaanitern sind mit Sicherheit auch hübsche, fleißige und attraktive Mädchen gewesen.

Der Grund lag darin, daß die umliegenden Völker den Gott Abrahams und Isaaks nicht kannten. Sie beteten andere Götter an. Sie trieben Götzendienst.

Die Frau von Isaak sollte den lebendigen Herrn kennen, den Gott Abrahams und Isaaks, und gerade darum sollte er keine Frau von den umliegenden Völkern holen. Der Diener sollte zu der Verwandtschaft ziehen, um von dort für Isaak eine Frau zu bekommen. Das Haus Rebekkas kannte diesen Herrn. Das können wir aus dem Gespräch mit dem Diener und an ihren Aussagen deutlich heraushören.

Diesen Gedanken, daß für einen Gläubigen nur ein Gläubiger in Frage kommt, finden wir nicht nur in dieser Begebenheit, sondern das geht, wie schon erwähnt, wie ein roter Faden durch die ganze Bibel.

Gott hat dem Volk Israel das Heiraten mit anderen Völkern deutlich untersagt. Der Grund war wieder-

Partnerwahl aus

um, daß die Völker andere Götter angebetet und ihnen gedient haben.

5. Mose 7, 3-4: »und sollst dich mit ihnen nicht ver-
schwägern; eure Töchter sollt ihr nicht geben
ihren Söhnen, und ihre Töchter sollt ihr nicht
nehmen für eure Söhne. Denn sie werden eure
Söhne mir abtrünnig machen, daß sie andern
Göttern dienen; so wird dann des Herrn Zorn
entbrennen über euch und euch bald vertil-
gen.«

Denselben Gedanken finden wir auch im neuen Testament in dem Brief an die Korinther:

2. Kor. 6, 14-15: »Zieht nicht am fremden Joch mit den
Ungläubigen. Denn was hat die Gerechtigkeit
zu schaffen mit der Ungerechtigkeit? Was
hat das Licht für Gemeinschaft mit der
Finsternis? Wie stimmt Christus überein mit
Belial? Oder was für ein Teil hat der Gläubige
mit dem Ungläubigen?«

Ein Joch ist ein Gespann, an welchem mehrere Tiere zusammengespannt werden, um eine gemeinsame Last zu ziehen. Es gibt wohl kein engeres Gespann als die Ehe, und nun sollten sich Gläubige nicht mit den Ungläubigen in ein Joch einspannen lassen.

An diesen und anderen Bibelstellen können wir sehr deutlich erkennen, daß der Herr eine Heirat

biblischer Sicht

mit einem Ungläubigen nicht wünscht und sogar verbietet.

Sobald der Mensch auf den Rat und das Gebot Gottes nicht hört, stürzt er sich ins Elend, in Probleme und Nöte, genauso auch in diesem Fall. Bei gemischten Ehen, Gläubig und Ungläubig, gab es immer schon schlechte Folgen. Wir können das im Leben von Simson im Buch der Richter, im Leben Esaus im 1. Buch Mose und bei Salomo sehen. Salomo z.B. war ein Gesalbter des Herrn. Er liebte den Herrn anfänglich und wurde deswegen auch vom Herrn mit Segen überschüttet. Aber das Ende seines Lebens war stark beschattet. Er hatte ein geteiltes Herz. Die ausländischen Frauen verleiteten ihn zur Sünde.

Man sollte sich nicht nur vor der Ehe mit Ungläubigen schützen, sondern auch jede freundschaftliche Beziehung meiden, die zu einer Heirat führen könnte.

Ein junges Paar suchte ein Gespräch mit dem Prediger der Gemeinde. Bei der Unterhaltung kam heraus, daß sie eine entschiedene Christin war und er gottlos. Wie üblich in solchen Fällen, erklärte ihnen der Prediger Gottes Willen anhand der oben erwähnten Stellen und sagte ihnen, daß sie nicht heiraten dürften und sich voneinander schleunigst trennen sollten. Daraufhin sagte das Mädchen, daß es ihr klar wäre, daß sie ihn nicht heiraten dürfte und das möchte sie auch nicht. Aber alle Verbindungen aufzulösen, das käme für sie nicht in Frage, denn sie

Partnerwahl aus

meinte, sie könnte ihn gewinnen. Wie diese Geschichte endete, können wir wohl ahnen. Sie sind beide den Weg der Sünde gegangen. Wenn man in dieser Frage nicht konsequent ist, geschieht es in den meisten Fällen, wie es uns in *5. Mose 7,4* beschrieben wird: »*... Denn sie werden eure Söhne mir abfällig machen,*« und zwar nicht nur die Söhne, sondern auch die Töchter.

In den allermeisten Fällen gibt der Gläubige den Glauben auf, und sie gehen beide den Weg der Sünde. Es ist eine große Ausnahme, daß der Ungläubige später in der Ehe zum Glauben kommt.

In den Fällen, wo ein jeder in der Ehe das Seine festhält, sind sie beide unglücklich, weil ihre Ziele und Interessen im Leben grundverschieden sind. Bei einer Evangelisation kam eine junge Ehefrau zum Glauben. Sie ließ sich bald darauf taufen und war sehr froh über das Erlebte mit dem Herrn. Nach einiger Zeit kam sie und sagte unter Tränen: »In unserer Ehe will nichts mehr klappen. Vor der Bekehrung haben wir uns gut verstanden, hatten gleiche Interessen, aber jetzt ist alles anders. Wir haben immer weniger gemeinsam, und das trifft uns beide. Es ist fast nicht auszuhalten. Wir verstehen uns einfach nicht mehr.«

Selbst die Lebenserfahrungen unterstreichen diese so wichtige biblische Wahrheit. Für einen Gläubigen kommt bei der Wahl des Ehepartners nur ein Gläubiger in Frage. Wie viele haben es schon bitter bereut, daß sie mit einem Ungläubigen die Ehe ein-

biblischer Sicht

gegangen sind, aber man kann das Rad nicht mehr zurückdrehen. Bei vielen Fehlentscheidungen kann man neu beginnen, aber hier nicht.

Von daher sollte man diese Frage vorher gut bedenken. Wenn jemand Gottes Willen erkennen und tun möchte, der soll es wissen: Gottes Wille für einen Gläubigen ist nur ein Gläubiger. Anders ist es Sünde, weil es gegen Gottes Wort ist, und die Probleme sind vorprogrammiert.

Zustimmung der Eltern

Vor Jahren saß vor mir eine geschiedene junge Frau. Unter Tränen sagte sie: »Ich habe nicht auf den Rat der Eltern gehört. Damals dachte ich alles besser zu wissen und habe mich mit einem Mann eingelassen, der mich und das Töchterlein, das später geboren wurde, nach wenigen Monaten verlassen hat. Er ist nie wiedergekommen.«

Solche Geschichten klingen uns bekannt, weil sie sich ständig wiederholen. Man hört nicht auf den Rat der Eltern, und später bereut man es.

Nicht selten sagen junge Menschen: »Ich muß mit ihr leben und nicht meine Eltern. Was geht sie das an?« oder »Eltern denken sowieso anders.« oder »Sie verstehen mich nicht.« Man lehnt bewußt den Rat der Eltern ab. Oder »Ich schaffe es nicht, mit den Eltern darüber zu reden.« Das Problem liegt sicher nicht immer bei den Kindern, oft auch bei den Eltern, weil sie mit den Kindern darüber nicht reden oder sogar abweisend sind.

Ein junger Mann wollte mit seinem Vater über die Frage der Wahl des Ehepartners sprechen: Doch als er ihn ansprach und das Thema andeutete, sagte der Vater zu ihm: »Weißt du, darüber möchte ich nichts hören, das mußt du selbst machen. Du mußt selber damit klarkommen.«

Wenn wir einen Blick in unseren Text aus 1. Mose 24 und auf die Zusammenhänge in der Bibel werfen, so müssen wir sagen, die Eltern spielen bei der Wahl des Ehepartners eine sehr große Rolle. Das ist ein Prinzip, das man bei der Wahl des Ehepartners zu beachten hat. Wenn ein junger Mensch Gottes Willen erkennen möchte, braucht er die Zustimmung und den Segen seiner Eltern.

In 1. Mose 24, wo es um Isaak und Rebekka geht, haben die Eltern eine sehr große Rolle gespielt.

1. Mose 24,1: »Abraham war alt und hochbetagt, ...

V.2   *Und er sprach zu dem ältesten Knecht seines Hauses, ...«*

V.3   *» und schwöre mir bei dem Herrn, dem Gott des Himmels, und der Erde, daß du meinem Sohn keine Frau nehmest von den Töchtern der Kanaaniter, unter denen ich wohne.«*

Der Vater hat hier für die Suche nach einem Mädchen die Initiative ergriffen. Heute ist so ein Vorgehen kaum denkbar, wo noch der Knecht damit beauftragt wurde, aber in der damaligen Kultur hatte das so seine Richtigkeit. In der heutigen Kultur wäre es die Angelegenheit eines jungen Menschen, sicher in Übereinstimmung mit den Eltern.

Im Hause von Rebekka spielte die Zustimmung der Eltern, besser gesagt der Familie, auch eine bedeutende Rolle. Sie mußten ihre Zustimmung geben. Ansonsten wäre alles gescheitert.

1. Mose 24, 50.51: *»Da antworteten Laban und Betuel und sprachen: Das kommt vom Herrn, darum können wir nichts dazu sagen, weder Böses noch Gutes. Da ist Rebekka vor dir, nimm sie und zieh hin;...,«*

V. 51 *»Aber ihr Bruder und Mutter sprachen: Laß doch das Mädchen noch einige Tage bei uns bleiben; ...«*

Als alles geklärt war, gaben sie ihr den Segen mit:

1. Mose 24,60: *»Und sie segneten Rebekka und sprachen zu ihr: ...«*

Eltern haben ein Mitspracherecht. Nicht nur ein Recht, sondern vielmehr eine Pflicht, sich mit der Wahl des Ehepartners ihres Kindes zu beschäftigen. Nicht nur diese Begebenheit aus 1. Mose 24, sondern auch eine Reihe anderer Stellen in der Bibel geben uns einen Hinweis darauf.

Eph. 6,4: »..., sondern ziehet sie auf in der Zucht und Vermahnung des Herrn.«

Den Eltern ist vom Herrn die Aufgabe auferlegt, ihre Kinder zum Herrn hin zu erziehen, so daß sie sich für den Herrn Jesus entscheiden können und ihm bis zum Lebensende treu sind.

Diese Aufgabe können die Eltern sicher nur dann erfüllen, wenn die Kinder den Eltern gehorsam sind und sie ehren. Genau dazu werden die Kinder in Epheser 6,1.2 aufgefordert.

Eph. 6,1.2: »Ihr Kinder, seid gehorsam euren Eltern in dem Herrn, denn das ist recht. Ehre Vater und Mutter, das ist das erste Gebot, das Verheißung hat.«

Kann denn ein junger Mensch die Eltern ehren und ihnen gehorsam sein und trotzdem diese Frage mit ihnen nicht durchsprechen oder auf ihren Rat nicht achten? Ich glaube nicht. Wer seine Eltern ehrt und ihnen gehorsam ist, wird auch diese Frage mit ihnen durchsprechen und gerne auf ihren Rat hören.

Wann sollte ein junger Mensch mit den Eltern darüber sprechen, oder wann sollten die Eltern mit ihren Kindern darüber sprechen? Ein junger Mann sollte spätestens mit seinen Eltern reden, wenn er vorhat, auf ein Mädchen zuzugehen, um sie darauf anzusprechen. Ein Mädchen sollte spätestens dann mit seinen Eltern sprechen, wenn der junge Mann sie angesprochen hat. Dann wäre es aber wirklich höchste Zeit.

Zu empfehlen wäre, mit den Kindern auf diesem Gebiet möglichst früh ein recht offenes Verhältnis aufzubauen, noch bevor ihr Herz für andere zu schlagen beginnt, noch bevor sie beginnen sich für das andere Geschlecht zu interessieren.

Wenn dann die Liebschaften beginnen, die oft sehr schnell wieder vergehen, kann man offen darüber reden, beten, beraten und auf den Rat hören. Wenn man diese offene Beziehung aber nicht rechtzeitig aufgebaut hat, ist es oft sehr schwer, erst wenn die Sache aktuell ist, darüber zu sprechen - sowohl für die Eltern, als auch für die Kinder.

An dieser Stelle möchte ich die Eltern und auch die Kinder ermutigen, möglichst früh ein offenes Verhältnis aufzubauen, und auch über die Frage der Partnerwahl offen zu sprechen.

Die Wahl des Ehepartners ist für einen jungen Menschen eine sehr große Herausforderung und sie geschieht meistens nicht in einer kurzen Zeit. Oft dauert es Jahre. Oft sind das Jahre voller Krisen, und wie gut ist es, wenn sich junge Menschen zu Hause bei diesem Problem anlehnen können. Zusammen sprechen, austauschen, beten usw.

Sollte es so kommen, daß die Eltern das Vorhaben des Kindes nicht bejahen können, nachdem sie es aufrichtig geprüft haben, muß es für den jungen Menschen als nicht von Gott gewollt betrachtet werden. Obwohl so etwas oft nicht leicht fällt, ist das ein Prinzip, an dem man den Willen Gottes erkennt.

Der Knecht Abrahams wußte sich von Gott geführt, trotzdem war er sich nicht ganz sicher und blieb offen für andere Wege.

1. Mose 24,49: »Seid ihr nun die, die an meinem Herrn Freundschaft und Treue beweisen wollen, so sagt mir's; wenn nicht, so sagt mir's auch, daß ich mich wende zur Rechten oder zur Linken.«

Mit dieser inneren Haltung sollte auch ein junger Mensch an die Wahl des Ehepartners herangehen; obwohl von Gott geführt, dennoch offen für einen anderen Weg, wenn die Eltern nicht mit einstimmen.

Zustimmung des Umworbenen

Claudia, ein gutaussehendes Mädchen, hatte in ihrer Jugendgruppe einen attraktiven jungen Mann liebgewonnen. Sie sah es als Gottes Führung und Gottes Willen an. Auch ihre Eltern gaben ihr Einverständnis und den Segen dazu.

Obwohl es nur Herzensangelegenheit und Familiensache war, war sie zutiefst davon überzeugt, daß es Gottes Wille sei und daß sie ihn einmal heiraten würde.

Sie sagte es sogar weiter. Sie erzählte ihren Freundinnen, daß sie sich sicher sei, daß dieser junge Mann einmal ihr Ehemann werden würde.

Es geschah aber ganz anders. Dieser junge Mann hatte ein anderes Mädchen lieb, zu dem er eine Beziehung aufnahm, und es später heiratete.

Claudia war enttäuscht und wurde unsicher in der Frage der Führung und Liebe Gottes: Wo lag denn das Problem? Wo war der Fehler?

Um sicher zu sein über die Führung Gottes, brauchen wir die Zustimmung von dem umworbenen Teil, und genau das hat Claudia nicht beachtet.

Wenden wir uns dem Bibeltext zu. Obwohl der Knecht Abrahams viel betete und sich von Gott führen ließ, blieb er offen für eine Absage. Er war noch nicht ganz von der Sache überzeugt.

1. Mose 24,49: »Seid ihr nun die, so an meinem Herrn Freundschaft und Treue beweisen wollen, so sagt mir's; wo nicht so sagt mir's auch, daß ich mich wende zur Rechten oder zur Linken.«

Partnerwahl aus

Erst als er ein »Ja« hörte, war alles abgeschlossen; darauf gab er Gott die Ehre.

1. Mose 24,52: *»Da Abrahams Knecht diese Worte hörte, bückte er sich vor dem Herrn zur Erde.«*

Auch Rebekka wurde nach ihrer Meinung gefragt:

1. Mose 24,58: *»Und sie riefen Rebekka und sprachen zu ihr: Willst du mit diesem Mann ziehen? Sie antwortete: Ja, ich will es.«*

Obwohl sich diese Frage auf die sofortige Abreise bezieht, verrät Rebekkas Antwort ihre Bereitschaft, die Frau Isaaks zu werden.

Diese Entscheidung muß wohl nicht gerade leicht gewesen sein: Weg von zu Hause in ein fernes, fremdes Land, mit einem völlig unbekannten Menschen zu einem Mann zu ziehen, den sie noch nie gesehen hat. Aber es kam ein »Ja«, eine feste Zustimmung: »Ich will mit.«

Erst wenn der umworbene Teil seine Zustimmung dazu gegeben hat, weil er oder sie es als Führung Gottes sieht, können wir gewiß sein und Gott dafür die Ehre geben.

Ein junger Mann mit Namen Andreas war von dem angeblichen Willen Gottes so überzeugt, daß er einige Jahre lang ein Mädchen belästigte und versuchte ihr beizubringen, daß sie als seine Frau von Gott bestimmt sei. Seine Familie hatte sich sogar einge-schaltet, um dem Mädchen diesen Willen Gottes bei-zubringen, aber sie bekam diese Gewißheit nicht. Auch dieser junge Mann hatte dieses Grundprinzip nicht beachtet. Um sicher über die Führung und den Willen Gottes zu sein, braucht man die Zustimmung des anderen.

Wenn nach einer ausreichenden Überlegung und Prüfung vor dem Herrn die Zustimmung nicht kommt, sollte man es als nicht von Gott gewollt anse-hen.

1. Mose 24,49: »...wenn nicht, so sagt mir's auch, daß ich mich wende zur Rechten oder zur Linken.«

Man sollte bereit sein, wie der Knecht Abrahams, einen anderen Weg einzuschlagen und über ein anderes Mädchen oder Jungen nachzudenken und vor dem Herrn neu zu prüfen.

Übereinstimmung in Ziel und Berufung

Gleiches Ziel und Berufung, man kann vielleicht noch »gleiche Ausrichtung, gleiche Absicht für das Leben usw.« dazu sagen.

Vor vielen Jahren saß vor mir eine junge Dame, die vor kurzem aus einem anderen Land gekommen war. Unter anderem fragte ich sie, ob sie verlobt sei oder einen Verlobten zurückgelassen habe? Unter Tränen sagte sie: »Damit ist Schluß.« Ich fragte: »Habt ihr euch zerstritten?« »Nein,« sagte sie. Ich fragte weiter, weil ich gerne wissen wollte, wo der Grund liege. Ich fragte: »War er nicht gut?« »Doch,« sagte sie. »Warum ist dann Schluß?« Daraufhin sagte sie mit einer zitternden Stimme: »Wir haben uns sehr gut verstanden, aber das Problem war, er wollte nicht hierher kommen, und ich wollte nicht dort bleiben.« Das Verhältnis war für immer zerbrochen, weil keiner von ihnen nachgeben wollte. Sie waren darin verschieden.

Wenn wir von einem gleichen Ziel, Berufung, Ausrichtung sprechen, dann geht es mit Sicherheit nicht nur darum, daß man bereit ist an einen anderen Ort mitzuziehen oder zu bleiben, aber selbst das ist nicht unwichtig.

Als der Knecht bei Abraham fragte:

1. Mose 24,5: »... Wie, wenn das Mädchen nicht folgen wollte in dies Land, soll ich deinen Sohn zurückbringen in jenes Land, von dem du ausgezogen bist?«.

Was sagte Abraham darauf? Nein, nein, das kommt überhaupt nicht in Frage. Sollte es so geschehen, daß sie nicht mitziehen wird, dann laß sie fahren, würden wir heute sagen. Dann ist das nicht ein Mädchen für meinen Sohn.

1. Mose 24,6: »Abraham sprach zu ihm: Davor hüte dich,
daß du meinen Sohn wieder dahin bringest!«

Das Mädchen sollte bereit sein mitzuziehen. Warum? Gott hatte Abraham aus dem Vaterhaus und der Verwandtschaft nach Kanaan herausgerufen, wo sie zur Zeit waren, und im Blick auf dieses Land hatte Gott Verheißungen und Zusagen gegeben. Er war Träger der Verheißung und sollte in diesem Land bleiben. Später sollte es Isaak werden, noch später Isaaks Sohn Jakob, danach die 12 Söhne Jakobs, aus denen die 12 Stämme entstanden sind.

Isaak mußte daher im Land Kanaan bleiben, und seine zukünftige Frau mußte folgen.

An dieser Stelle möchte ich noch etwas ganz Unpopuläres hinzufügen, aber ich glaube, daß es biblisch ist. Und zwar hat eine Frau ihrem Ehemann zu folgen. Warum? In 1. Korinther 11,9 lesen wir:

1. Kor. 11,9: »Und der Mann ist nicht geschaffen um der
Frau willen, sondern die Frau um des Mannes
willen.«

In 1. Mose 2,18 sagt Gott, daß eine Ehefrau geschaffen ist, um dem Mann zu helfen und ihn zu umgeben. Aus diesen und anderen Bibelstellen können wir klar entnehmen, daß die Frau dem Manne folgen soll, ihm helfen und ihn umgeben, und zwar dort, wo der Herr den Mann hingestellt und berufen hat.

Partnerwahl aus

Sollte das Mädchen anders denken oder eine klare andere Berufung haben, dann wäre zu empfehlen, daß sie ledig bleibt oder wartet, bis ein junger Mann kommt mit der gleichen Ausrichtung. Es wäre gut, wenn die Mädchen diese innere Einstellung hätten: »Ich gehe mit und möchte meinen Mann unterstützen und ihm helfen.«

Nun, wenn wir uns in die Geschichte von Isaak und Rebekka tiefer hineindenken, so verstehen wir hier sehr bald, daß es nicht nur um eine örtliche Übereinstimmung geht, sondern daß es hier um mehr geht.

Es geht hier letztendlich darum, daß man sich unter Gott und seinen Willen stellt. Er hatte mit Abraham und seinen Nachkommen etwas vor, und er hatte geredet. Dann erwartet er, daß man auf ihn hört.

Auch mit uns hat der Herr etwas Besonderes vor. Darum redet er durch sein Wort zu uns. Auch von uns erwartet er Gehorsam und Treue, und das von Herzen.

Eine Ehe wird sehr schlecht funktionieren, wenn einer auf das Wort Gottes achtet, der andere nicht, wenn einer dem Herrn dienen möchte, der andere nicht, wenn einer gehorsam sein möchte und dem anderen alles andere wichtiger ist als gerade Gehorsam. Oder einer liebt die Welt mehr als den Herrn und sein Wort. Wenn das so ist, sind die Probleme mit Sicherheit vorprogrammiert. Von daher

biblischer Sicht

sollte man auch darauf achten, ob das überein-
stimmt, ob man gleiche Absichten im Glauben, Ziele,
Ausrichtung usw. hat.

Sollte es nicht übereinstimmen, wäre zu empfehlen,
von solchen Mädchen oder Jungen Abstand zu halten. Dann sollten wir wie Abraham sagen: »Nein,
nein, das kommt nicht in Frage.«

Beachtung der inneren Werte

Zum Schluß möchte ich auf die inneren Werte hinweisen, die für die Wahl des Ehepartners gar nicht so
unwichtig sind.

Unsere Aufmerksamkeit wollen wir besonders auf
den Knecht Abrahams richten und auf das, was ihm
bei der Wahl des Mädchens wichtig war.

Wir können annehmen, daß dieser Mann sehr weise
war und viel Lebenserfahrung hatte, weil ihm der
Gottesmann Abraham die Verwaltung seines ganzen
Hauses anvertraut hatte.

Der Knecht wußte viel zu gut, daß eine Ehe nicht
nur ein Spaziergang auf der Promenade oder eine
Fahrt mit einem flotten Auto oder ein Abend voller
Romantik ist.

Unter Umständen kann eine Ehe eine sehr große
Herausforderung sein. Wie war es bei unseren

Glaubensvätern, die wegen ihres Glaubens ins Gefängnis kamen oder auf dem Scheiterhaufen verbrannt wurden? Und die Familie? Sie wurde zerstreut oder die Frau blieb alleine mit den Kindern.

Was ist, wenn ein Ehepartner pflegebedürftig wird und das durch viele Jahre hindurch? Oder das Kind schläft mehrere Nächte nicht, weil es krank ist. Am nächsten Tag aber muß alles weitergehen.

So kann die Liste der Realitäten des Lebens beliebig erweitert werden.

Wenn es im Leben so kommt, dann ist es zu wenig, eine Frau zu haben, die man nur ins Schaufenster stellen kann, wie ein Mann es sich einmal wünschte. Er meinte damit, daß sie sehr schön aussehen soll. Er bekam dann später auch eine solche Frau. Für viele andere Lebensaufgaben war sie nicht tauglich. Die mußte er selber erledigen.

Nun, worauf achtete der Knecht? Auf ihre Schönheit? Nein. Rebekka war zwar sehr schön, aber er achtete auf andere Dinge - auf Dinge, die im Leben wichtig waren und heute noch sind.

Seine Vorstellungen äußerte er im Gebet. Es ist nicht viel, aber mit einem sehr tiefen Inhalt.

1. Mose 24,13.14 »Siehe, ich stehe hier bei dem Wasserbrunnen, und die Töchter der Leute in dieser Stadt werden herauskommen, um Wasser zu schöpfen. Wenn nun das Mädchen

kommt, zu dem ich spreche: Neige deinen
Krug und laß mich trinken, und es sprechen
wird: Trinke, ich will deine Kamele auch tränken -, das sei die, die du deinem Diener Isaak
beschert hat, und daran werde ich erkennen,
daß du Barmherzigkeit an meinem Herrn
getan hast.«

Freundlich: Die Frau von Isaak sollte eine freundli-
che Frau sein. Der Diener betete und sagte: »Wenn
ich sie bitten werde, mir Trinken zu geben, so soll sie
sagen: "Trinke".« Ist das nicht eine gute
Freundlichkeit? Sie hätte auch unwillig sein können
oder sogar ablehnend, denn sie hatten damals keinen
Wasserhahn, den sie aufdrehen konnten, um Wasser
zu bekommen. Sie mußten, je nach Brunnentiefe,
hart dafür arbeiten. Es kann sein, daß sie wieder
zurückgehen mußte und wieder schöpfen. Sie war
ein freundliches Mädchen. Sie reagierte sofort auf die
Bitte des Knechtes. Wahrscheinlich war das für sie
etwas Selbstverständliches.

Offene Augen für die Not des anderen: Die Frau
von Isaak sollte die Not des anderen erkennen oder
merken, "sehen". Der Diener betet: »Herr, sie soll
nicht nur mir zu trinken geben, sondern all unseren
Kamelen«, und so war es auch. Sie merkte sofort, daß
die Kamele auch trinken mußten. Sie erkannte sofort
die Not, das Bedürfnis bei den anderen.

Dienstbereit: Die Frau von Isaak sollte dienstbereit
sein. Der Diener erwartete, daß sie auch die Kamele

tränken sollte. Aus dem Vers 10 können wir entnehmen, daß sie 10 Kamele dabei hatten. Ein Kamel kann bis zu 200 Liter Wasser trinken. Das macht eine Menge Wasser aus. Ob sie auch so viel getrunken haben, wissen wir sicher nicht, aber sie mußte wohl damit gerechnet haben. Sie war bereit dazu.

<u>Mehr tun, als man von ihr verlangte</u>: Die Frau von Isaak sollte mehr tun, als man von ihr verlangte. Der Diener fragte nur für sich nach etwas zu Trinken, aber sie tat mehr, ja sogar viel mehr. Sie tränkte noch alle Kamele.

<u>Fleißig</u>: Sie sollte ein fleißiges Mädchen sein. Aus dem ganzen Verhalten von Rebekka können wir sehen, daß sie ein sehr fleißiges Mädchen war. V. 18: »*Und sie sprach: Trinke, mein Herr! Und <u>eilends</u> ließ sie den Krug hernieder auf ihre Hand und gab ihm zu trinken*« V. 20: »*Und <u>eilte</u> und goß den Krug aus in die Tränke und <u>lief</u> abermals zum Brunnen, um zu schöpfen, und schöpfte <u>allen</u> seinen Kamelen.*«

<u>Entscheidungsfähig</u>: Rebekka war auch ein entscheidungsfähiges Mädchen. Ich glaube, daß sie wußte, wieviel die Kamele trinken. Sie sah auch, wie viele es waren. Sie hat wohl nicht zum erstenmal Wasser geholt und wußte, was das für ein Aufwand war. Man würde heutzutage sagen: »Das ist ein ganzer Berg von Arbeit.« So mancher von uns würde wohl nicht wissen, was man in dieser Situation tun sollte, aber Rebekka hat nicht sehr lange überlegt. Sie war fähig

in einer kurzen Zeit eine klare Entscheidung zu treffen und sofort mit dieser großen Arbeit zu beginnen.

Sie sollte bereit sein, das Elternhaus zu verlassen: Der Knecht hat es zwar im Gebet nicht geschildert, aber das war schon, wie vorher besprochen, im Lande Kanaan mit Abraham geklärt. Sie sollte bereit sein, die Geborgenheit im Elternhaus zu verlassen. Später wird es sehr deutlich, daß sie dazu bereit war.

1. Mose 24,58: »Und sie riefen Rebekka und sprachen zu ihr: Willst du mit diesem Manne ziehen? Sie antwortete: Ja, ich will es.«

Sie war bereit, Vater und Mutter loszulassen und viele andere Vorteile, die sie im Vaterhaus genossen hatte. Wir können annehmen, daß sie ein gutes Verhältnis zu Hause hatte. Das alles ist ein Zeichen der Reife.

Gastfreundlich: Die Frau für Isaak sollte eine gastfreundliche Frau sein. Bei uns Menschen ist Gastfreundschaft oft ein Problem. Darum werden wir auf vielen Stellen in der Bibel dazu aufgefordert. Rebekka war gastfrei. Als der Knecht sie fragte, ob sie auch Raum im Hause des Vaters hätten,wo er übernachten könnte (1. Mose 24,23), sagte sie:

1. Mose 24,25: »...Es ist auch viel Stroh und Futter bei uns und Raum genug, um zu herbergen.«

Wenn wir uns noch etwas tiefer in den Bibelabschnitt hineindenken, werden wir noch viele andere gute Eigenschaften von Rebekka entdecken. Sie arbeitete, ohne eine Belohnung zu erwarten (V.19-20), sie war geschickt (V.20), sittsam (V.65). Darüber hinaus war sie eine Jungfrau und sehr schön von Angesicht (V. 16) usw.

Nachdem Abrahams Knecht Rebekka eine Zeitlang beobachtet hatte und merkte, daß sein Gebet in ihr in Erfüllung gegangen ist, betete er den Herrn an. Er war von der Führung Gottes und von Rebekka zutiefst beeindruckt.

1. Mose 24,26: »Da neigte sich der Mann und betete den Herrn an...«

Der Knecht war, wie am Anfang schon erwähnt, ein weiser Mann und wußte, was für's Eheleben nötig ist. Darum gab er auf all diese Dinge acht. Hätten sich die Erwartungen bei Rebekka nicht bestätigt, wäre sie nicht die Frau von Isaak geworden.

1. Mose 24,21: »Der Mann aber betrachtete sie und schwieg still, bis er erkannt hätte, ob der Herr zu seiner Reise Gnade gegeben hätte oder nicht.«

Wenn wir vorhaben, einen Ehepartner zu wählen, dann sollten wir unsere Augen und Ohren weit offen halten und auch auf diese Dinge achten, die im täglichen Leben sehr wichtig sind. Prüfe, beobachte, frage nach, denn du mußt mit diesem Menschen

biblischer Sicht

leben oder ihn ertragen, und das gilt sowohl für Mädchen, als auch für Jungen.

An dieser Stelle möchte ich Euch junge Leute auffordern, aus Eurem Leben etwas zu machen, so zu werden wie Rebekka, damit auch Ihr jede Prüfung bei der Auswahl des Ehepartners bestehen könnt.

All diese sieben Prinzipien aus 1. Mose 24 können wir als Wegweiser betrachten, die uns zum Ziel führen, oder als Erkennungsmerkmale, woran oder wodurch wir bei der Wahl des Ehepartners den Willen Gottes erkennen können. Ich bin zutiefst überzeugt, daß, wenn ein junger Mensch diese Prinzipien beachten wird, er auch zu demselben Moment kommen wird wie der Knecht in 1. Mose 24,52

1. Mose 24,52: »*Als Abrahams Knecht diese Worte hörte, neigte er sich vor dem Herrn bis zur Erde.*«

Die Sache war nun abgeschlossen, und er gab Gott die Ehre.

Verkehrte Wahl am Beispiel Simsons

Das Wort Gottes zeigt uns nicht nur, wie es sein soll, wie wir bei der Wahl des Ehepartners vorgehen sollten, sondern zeigt uns auch anhand von Lebensbildern von Menschen, die eine verkehrte Wahl getroffen haben, wie es nicht sein soll.

Einige wichtige Hinweise gibt uns das Beispiel Simsons. Simson war ein gottgeweihter Mann, durch den der Herr so manches bewirkt hatte. Aber bezüglich des Themas Frauen hat er eine Reihe Fehler gemacht. Diese Fehler hatten Folgen in seinem Leben, die deutlich zu sehen sind. Simson ist einfach ein warnendes Beispiel im Blick auf die Wahl des Ehepartners.

Richter 14,1-3: »Simson ging hinab nach Timna und sah ein Mädchen in Timna unter den Töchtern der Philister. Und als er heraufkam, sagte er's seinem Vater und seiner Mutter und sprach: Ich hab ein Mädchen gesehen in Timna unter den Töchtern der Philister; nehmt mir nun diese zur Frau. Sein Vater und seine Mutter sprachen zu ihm: Ist denn nun kein Mädchen unter den Töchtern deiner Brüder und in deinem ganzen Volk, daß du hingehst und willst eine Frau nehmen von den Philistern, die

unbeschnitten sind? Simson sprach zu seinem Vater: Nimm mir diese, denn sie gefällt
meinen Augen.«

V. 16, Da weinte Simsons Frau vor ihm und sprach:
Du bist meiner überdrüssig und hast mich
nicht lieb. Du hast den Söhnen meines Volkes
ein Rätsel aufgegeben und hast mir's nicht
gesagt. Er aber sprach zu ihr: Siehe, ich
hab's meinem Vater und meiner Mutter nicht
gesagt und sollte dir's sagen?«

Aufgrund dieses Abschnittes können wir sagen, daß
Simson alles verkehrt gemacht hat, was er verkehrt
machen konnte.

Für so manchen wird vielleicht Vers 4 Probleme
machen, es so zu sehen, weil dort steht: »Aber sein
Vater und seine Mutter wußten nicht, daß es von
dem Herrn wäre«. Ich verstehe diese Aussage so, daß
der Herr Simsons unheilige Leidenschaft gebraucht
hat, um ihn in den Kampf mit den Philistern hinein-
zuführen. Aber seine Fehltritte bleiben Fehltritte, das
können wir an den Folgen in seinem Leben deutlich
sehen.

Nun, was hat Simson denn verkehrt gemacht?

Er nahm eine Ungläubige

Ihm gefiel ein Mädchen aus den heidnischen Völkern (Philister). Dem Volk Israel, wie vorher besprochen, war es verboten, sich mit anderen Völkern zu vermischen, sie zu heiraten. Obwohl die Eltern ihn darauf hinwiesen, daß die Philister unbeschnitten sind, d.h. daß sie nicht zum Volk Gottes gehörten, mißachtete er das Gebot Gottes.

Wie oft geschieht es in unserer Zeit so ähnlich. Obwohl man bekehrt ist und zum Volke Gottes gehört, gewarnt und darauf hingewiesen wird, mißachten junge Menschen das Gebot Gottes und gehen ähnliche Wege wie Simson.

Er hörte nicht auf den Rat der Eltern

Er hörte nicht auf die Warnungen und auf den Rat der Eltern. Sie deckten sein Vorhaben deutlich auf. Er hätte es merken können, daß sein Vorhaben gegen Gottes Wort war. Die Eltern wiesen ihn auch deutlich auf das eigene Volk hin, auf die Mädchen in ihrem Volk, aber er hörte nicht oder wollte nicht hören.

Simson bestand auf seinem Standpunkt. V.3 *»Gib mir diese.«* Diese und keine andere. Solche oder ähnliche Sätze hört man nicht selten von jungen Menschen. Die Eltern reden, warnen und weisen hin, aber die jungen Leute bleiben dabei, sind stur wie

Böcke, und irgendwann hören die Eltern auf zu reden und geben nach. So ist es wohl auch bei Simsons Eltern gewesen, sie haben nachgegeben.

Er setzte falsche Prioritäten

Die Entscheidung war rein gefühlsmäßig und nach äußeren Eindrücken getroffen worden.

Was dem Simson am Mädchen so besonders gefallen hat, wissen wir nicht. Die Bibel sagt nur: Sie gefiel seinen Augen. Das Innere war für ihn völlig uninteressant.

Ich kann mir gut vorstellen, daß die heidnischen Mädchen eine ganz andere Redensart, Aufmachung und Verhalten hatten als die Mädchen im Volk Gottes.

Christen treffen nicht selten ähnliche Entscheidungen: Die Aufmachung, Redensart und das Wesen dieser Welt spricht sie an. Warum? Weil sie ungeistlich sind, und vom Wesen dieser Welt geprägt sind und nicht vom Herrn und seinem Wort.

Er war zu jung

Anscheinend war er noch zu jung für eine Ehe. Er hatte sich vom Vaterhaus noch nicht gelöst, und von

daher war er auch nicht in der Lage, seiner Frau anzu-
hangen, wie es nach 1. Mose 2,24 zu erwarten ist.

Simson hatte den Philistern, den Brautbegleitern,
ein Rätsel aufgegeben. Sie hatten Mühe es zu raten,
daher übten sie Druck aus auf seine Frau: sie sollte
ihn überreden, es ihr zu verraten. Das tat sie dann
auch. Unter anderem sagt er in V.16: »Wie kann ich
dir das sagen? Ich habe es meinem Vater und meiner
Mutter noch nicht mal gesagt.« Daran merken wir,
daß er noch nicht von Vater und Mutter losgelöst
war. Er war noch nicht in der Lage, seiner Frau anzu-
hangen.

Wie alt Simson war, wissen wir nicht, aber für diesen Schritt war er noch zu unreif. Bis zu einem
bestimmten Alter sollte man den jungen Menschen
sagen, daß sie unreif sind, solche Entscheidungen zu
treffen und solche Schritte zu unternehmen. Man
sollte solch ernste Schritte aufschieben, bis man in
der Lage ist, es zu tun. Wenn man zu jung ist, ist man
von seinen Gefühlen und den Beispielen dieser Welt
stark geprägt, aber alles andere fehlt für diesen so
wichtigen Schritt.

Simson hat alles, was er nur verkehrt machen konn-
te, verkehrt gemacht. Die Folgen davon sind sichtbar.
Er verließ dieses Mädchen, das er vorher so gerne
hatte, und ging ins Vaterhaus zurück (Richter 14,19).
Das Problem dabei ist noch, daß Simson aus all den
Fehlern wenig gelernt hatte. Er machte so ähnliche
Fehler immer wieder, die später für ihn zu einem

großen Problem wurden (Richter 16). Möchten uns doch Simsons Entscheidungen und Leben in der Frage der Wahl des Ehepartners als Warnung dienen.

Praktisches Vorgehen bei der Wahl des Ehepartners

Wenn ein junger Mann sich nach längerem Prüfen und Überlegen zu einem Mädchen hingezogen fühlt, wird er irgendwann praktische Schritte unternehmen. Wir wollen uns fragen, wie kann oder soll man das tun?

Oder aus der Sicht eines Mädchens: Das Herz beginnt für einen jungen Mann zu schlagen; oder sie wird von einem jungen Mann angesprochen. Wie hat sie sich zu verhalten, oder was hat sie zu tun?

Auch in diesen Fragen gibt uns die Bibel sehr gute Beispiele, wie wir praktisch vorzugehen oder auch das erste Gespräch zu führen haben.

Bevor wir uns der biblischen Betrachtung zuwenden, möchte ich einige Beispiele aufführen, wie man das auf keinen Fall tun sollte.

Beispiele für verkehrtes Vorgehen

In vielen Dingen haben die Männer viel Mut und Kraft, und sie können in bestimmten Fällen auch sehr weise sein, aber bei der Wahl des Ehepartners können sie oft sehr ungeschickt sein und nicht gerade anziehend wirken.

Ein ausgereifter junger Mann hatte eine alte, gebrechliche Mutter bei sich, ein eigenes Haus und alles, was dazu gehörte. Man könnte sagen, er war wirtschaftlich gut bestellt, aber ohne Frau, um das alles zu Hause zu besorgen. Geprägt von dieser Situation ging er zu einem Mädchen. Er schilderte seine Lage und sagte ihr, daß er eine Frau brauche (mit Betonung auf Hausfrau) und fragte anschließend, ob sie dazu bereit wäre. Die Antwort können wir uns schon vorstellen, sie sagte »Nein.« Welches Mädchen möchte nur eine Hausfrau sein? Sie möchte die Geliebte des Mannes sein. Sie möchte eine Ehefrau sein, mit dem inneren Gefühl, von einem Mann geliebt und umgeben zu sein. Die Arbeit im Haus wird sie dann auch noch mit Freuden erledigen, aber nicht in erster Linie für den Haushalt da sein.

Thomas, ein erwachsener junger Mann, machte mit einem Mädchen, das kein ernsthaftes Interesse an ihm hatte, einen Termin. Als sie zusammen sprachen, sprachen sie über alles Mögliche, aber nicht über das Wesentliche. Das wiederholte er so mehrere Male, bis das Mädchen sich den Mut nahm und ihm sagte, daß sie wohl ahnte, was er von ihr wolle, aber sie hätte kein Interesse an ihm. Das war für ihn ein sehr großer Schock, mit dem er lange nicht zurechtkam.

Anja kam ganz verlegen zum Jugendleiter und fragte: »Was soll ich tun?« Auf die Frage, was geschehen sei, sagte sie Folgendes: »Ich habe von einem jungen Mann einen Brief bekommen, wo er schreibt: ,Ich möchte mit dir eine freundschaftliche Beziehung aufbauen, nun möchte ich wissen, ob du dazu bereit bist oder nicht, und ich schlage vor, am kommenden Sonntag, wenn du mich anguckst, dann heißt das »Ja«, wenn nicht dann »Nein«. Das Mädchen saß im Chor. Nun war es für sie eine Not. Es könnte ja sein, daß sie aus Versehen da hinschauen würde, wo der Junge sitzt, und er würde sich dabei etwas versprechen.

Eines Tages sprach ich mit einem jungen Mann, der schon längere Zeit auf der Suche nach einem Mädchen war, das er dann auch heiraten wollte. Als wir uns über bestimmte Mädchen unterhielten, sprach er über ein Mädchen sehr negativ. Als ich fragte, was ihn denn an ihr so störe, sagte er: »Sie läuft mir Schritt für Schritt hinterher. Ich kann das einfach nicht ab.« Das Mädchen hatte scheinbar eine Zuneigung zu diesem jungen Mann. Solche Gespräche wiederholen sich immer wieder.

So könnten wir beliebig fortsetzen. Auf diesem Gebiet werden viele Fehler gemacht. Sehr oft sicher aus Unwissenheit.

Wir wollen uns jetzt der biblischen Betrachtung zuwenden, und wie schon gesagt, kann unser Bibelabschnitt darin eine große Hilfe sein.

Vorgehen für einen Jungen

Wir haben am Anfang gesagt, daß es wohl in der heutigen Kultur nicht denkbar ist, daß ein Diener für einen jungen Mann eine Frau aussucht. In unserer Kultur wird das, was der Diener getan hat, ein junger Mann tun.

Von daher ist das Vorgehen des Dieners für uns eine große Hilfe, ein Beispiel, wie wir es tun könnten oder vielleicht auch sollten. Ich möchte auf sechs Dinge hinweisen, die uns helfen können.

Suche nach einer Gelegenheit zu einem unge störten Gespräch

Abrahams Knecht mußte nach der damaligen Sitte ein Gespräch mit den Eltern von Rebekka suchen. In 1. Mose 24,23 unternimmt er einen solchen Versuch, der ihm auch gelingt. (1. Mose 24,31.33)

1. Mose 24,23: »und sprach: Wessen Tochter bist du? das sage mir doch! Haben wir auch Raum in deines Vaters Hause, <u>um zu herbergen</u>?«

V.31-33 »Und er sprach: Komm herein, du Gesegneter des Herrn!...

V.32 Da führte er den Mann ins Haus und zäumte die Kamele ab und gab ihnen Stroh und

Futter, dazu auch Wasser, zu waschen seine Füße und die Füße der Männer, die bei ihm waren.

V.33 Und man setzte ihm Essen vor...«

Nun saß der Knecht am Tisch. Die Eltern und der Bruder von Rebekka waren auch da. Die beste Gelegenheit, um das Anliegen zu unterbreiten.

So sollte auch heute ein junger Mann eine Gelegenheit suchen, um ungestört mit dem Mädchen zu sprechen und ihr in Ruhe sein Anliegen zu sagen. Es wäre gut, wenn dieses Gespräch zunächst für die Öffentlichkeit wegen möglicher Gerüchte und übler Nachrede unbekannt bliebe.

Packe Dein Anliegen sofort aus

Wenn man so ein Gespräch vereinbart hat, steht man in großer Gefahr, über alles Mögliche zu sprechen aber nicht über das Wesentliche, weil man eventuell keinen Mut hat oder eine Absage befürchtet.

Abrahams Knecht saß am Tisch im Hause von Rebekka. Eigentlich die beste Gelegenheit, die Eltern, Rebekkas Bruder, Rebekka und überhaupt das ganze Haus besser kennenzulernen. Der Knecht aber nimmt sich nicht einmal Zeit zum Essen. Er möchte zuerst sein Anliegen vorbringen.

1. Mose 24,33: »Und man setzte ihm Essen vor. Er sprach aber: Ich will nicht essen, bis ich zuvor meine Sache vorgebracht habe. Sie antworteten: Sage an!«

Wenn das Treffen stattgefunden hat, sollte der junge Mann nicht lange warten, bis er zum Wesentlichen kommt, denn das Mädchen erwartet es. Wenn es zu lange dauert, wird es ihr mit Sicherheit zur Last.

Erzähle, wie Gott Dich geführt hat

Bei Gläubigen sollte nicht das Gefühl, das man in solchen Fällen oft Liebe nennt, oder andere Dinge im Vordergrund stehen, sondern Gottes Führung und sein Wille, obwohl alles andere auch nicht ganz unwichtig ist.

Der Knecht Abrahams erzählt ziemlich genau, wie Gott ihn geführt hat. Er tut nichts hinzu, aber er verschweigt auch nichts.

1. Mose 24,34-48:

V.34 »Ich bin Abrahams Knecht...

V.37 Und der Herr hat einen Eid von mir genommen und gesagt: Du sollst meinem Sohn keine Frau nehmen von den Töchtern der Kanaaniter, in deren Land ich wohne...

V.42-43 So kam ich heute zum Brunnen und sprach: Herr, du Gott Abrahams, meines Herrn, hast du Gnade zu meiner Reise gegeben, auf der ich bin, siehe, so stehe ich hier bei dem Wasserbrunnen...«

Der Knecht stellt sich vor und sagt, wer er ist. Er erzählt von Abraham und seinem Haus, spricht von seinem Auftrag (Anliegen) und erzählt, wie er durch die Führung Gottes bis in ihr Haus gekommen ist.

So könnte es auch heute ein junger Mann tun: sich vorstellen, erzählen, wie er zum Glauben gekommen ist, sagen, wer seine Eltern und Geschwister sind und dann mitteilen, wie Gott ihn zum Mädchen geführt hat. Das sollte man sehr ehrlich, ohne jegliche Verschönerung tun, so wie der Knecht es getan hat.

Diese Mitteilung war für das Haus Rebekkas eine große Hilfe um herauszufinden, ob es von Gott kam oder nicht. Nachdem sie alles gehört hatten, wurde ihnen klar: Das kommt vom Herrn, und weil es von ihm kommt, können wir nichts einwenden.

1. Mose 24,50-51: »Da antworteten Laban und Betuel und sprachen: Das kommt vom Herrn, darum können wir nichts dazu sagen, weder Böses noch Gutes. Da ist Rebekka vor dir, nimm sie und zieh hin, daß sie die Frau sei des Sohnes deines Herrn, wie der Herr geredet hat.«

Genauso ist es auch heute. Für das Mädchen und ihr Haus ist es eine große Hilfe, die Führung Gottes im Leben des jungen Mannes kennenzulernen um den Willen Gottes zu erkennen; und letztendlich geht es uns ja darum: Ist das denn jetzt Gottes Wille oder nicht? Deshalb erzähle, wie Gott Dich geführt hat.

Sei offen für eine Absage

Nicht selten werden die Mädchen an dieser Stelle erpreßt. Der Junge meint, es könnte nicht anders sein. Das Mädchen muß seine Zustimmung geben. Die Argumente sehen oft so aus: »Ich bin zutiefst überzeugt, daß es Gottes Wille ist. Du mußt es nur noch erkennen.« Oder: »Wenn du Nein sagst, dann ist alles aus mit meinem Glauben, Gemeinde usw.« Und die Mädchen kommen oft dadurch in eine große innere Not.

Der Knecht Abrahams war offen für eine Absage. Er war bereit, einen anderen Weg einzuschlagen, wenn das Haus Rebekkas mit »Nein« antworten würde, denn ihre Zustimmung war für seine Führung entscheidend wichtig.

Er hatte diese innere Haltung, obwohl er sich bis dahin sehr deutlich vom Herrn geführt fühlte.

1. Mose 24,49: »Seid ihr nun die, die an meinem Herrn Freundschaft und Treue beweisen wollen, so sagt mir's; wenn nicht, so sagt mir's auch, daß ich mich wende zur Rechten oder zur Linken.«

So sollte auch ein junger Mann offen für eine Absage sein, wenn das auch nicht einfach ist. Uns geht es ja um den Willen Gottes, und die Entscheidung von der anderen Seite spielt dabei eine große Rolle, wie wir es vorher besprochen haben.

Stelle das Mädchen vor die Entscheidung

Nachdem der Knecht alles, was er auf dem Herzen hatte, ausgesprochen hatte, stellte er das Haus Rebekkas vor die Entscheidung: »Ja« oder »Nein«. Er erwartete eine klare Antwort, nichts Zweideutiges.

1. Mose 24,49: »...so sagt mir's; wenn nicht, so sagt mir's auch, daß ich mich wende zur Rechten oder zur Linken.«

Vor vielen Jahren teilte mir Carsten, ein junger Mann, mit, daß er jetzt zu einem Mädchen gehe, um einen Heiratsantrag zu stellen. Unter anderem sagte ich zu ihm, er solle nicht vergessen, sie vor die Entscheidung zu stellen. Als er zurückkam, strahlte er vor Freude. Ich glaube, daß ich ihn noch nie so gesehen hatte. Auf die Frage, ob er sie vor die Entscheidung gestellt hat, antwortete er: »Es war nicht nötig.« Diese Beziehung ging nach einer kurzen Zeit kaputt, und das Mädchen sagte: »Er hat mich noch nie vor die Entscheidung gestellt. Ich habe ihm noch nie ein klares "Ja" gegeben.«

Bei der Wahl des Ehepartners geht es um das ganze Leben. Es geht letztendlich um ein glückliches oder unglückliches Leben, und von daher muß es eine klar überlegte Willensentscheidung sein, die bei einem Christen sicher mit dem Willen Gottes übereinstimmen sollte.

Das Haus Rebekkas traf damals auf der Stelle eine klare Entscheidung.

In den meisten Fällen wird es heute etwas anders sein. Die Eltern sind nicht dabei, mit denen man sprechen und darüber beten sollte. Oft erwartet das Mädchen diese Anfrage nicht und ist zunächst überrascht. Sie muß auch noch darüber nachdenken und mit dem Herrn sprechen. Von daher wäre zu empfehlen, sich eine oder zwei Wochen Zeit zu nehmen, um sich zur Klarheit durchzuringen. Aber am Ende sollte eine klare Willensentscheidung getroffen und auch ausgesprochen werden.

Es wäre gut und wahrscheinlich eine Selbstverständlichkeit, daß man bei einem so wichtigen Anliegen zusammen betet, daß man alles in die Hände Gottes legt und vor ihm diese Entscheidung trifft.

Als der Knecht im Hause Rebekkas das Jawort hörte, betete er den Herrn an. Das tat er, bevor er alle weiteren Dinge klärte.

1. Mose 24,52: »Als Abrahams Knecht diese Worte hörte, neigte er sich vor dem Herrn bis zur Erde.«

Ich persönlich bin zutiefst überzeugt, daß wenn ein junger Mann alle Kriterien und das praktische Vorgehen aus 1. Mose 24 beachten wird, er auch zu diesem Augenblick kommen wird wie der Knecht und dafür dem Herrn die Ehre geben wird.

Vorgehen für ein Mädchen

Weil die Initiative von einem jungen Mann ausgeht, sollte ein Mädchen eine wartende Haltung einnehmen. Diese Zeit des Wartens ist nicht immer einfach und für viele eine große Herausforderung, mit der sie oft nicht ganz klarkommen. Nun einige allgemeine Ratschläge für die Zeit des Wartens und für die Zeit, wenn ein junger Mann das Mädchen anspricht.

Partnerwahl aus

Vertraue auf den Herrn

Der Herr hat auch für Dich einen sehr schönen Weg vorbereitet, vor allem einen Weg für's Leben, wo Du glücklich sein kannst. Ob er immer so aussieht, wie man sich das vorgestellt hat, ist eine andere Frage, ob verheiratet oder ledig. Glücklich als Christ ist man nur auf dem Weg, den der Herr uns führt. Der Herr erwartet, daß wir nicht eigene, sondern seine Wege gehen.

5. Mose 10,12: »Nun Israel, was fordert der Herr, dein Gott, noch von dir, als daß du den Herrn, deinen Gott, fürchtest, daß du in allen <u>seinen Wegen wandelst</u> und ihn liebst und dem Herrn, deinem Gott, dienst von ganzem Herzen und von ganzer Seele.«

Lege Dein Verlangen, einmal zu heiraten, vor dem Herrn aus. Rede mit ihm darüber. Teil ihm Deine Wünsche mit und achte auf sein Reden. Auch Paulus hat seine Wünsche vor dem Herrn ausgesprochen, ob es Gesundheit oder Reisepläne waren. Nicht immer geschah es so, wie er es wünschte, aber der Herr hat auf jeden Fall geantwortet, z.B. sagt er zu ihm in einer Angelegenheit: »Laß dir an meiner Gnade genügen.« (2. Kor. 12,9).

Meistens haben die Mädchen einen bestimmten Jungen gerne. In meiner ganzen Zeit der Jugend- und Gemeindearbeit habe ich nur ein Mädchen angetroffen, das zu mir sagte: »Kein Interesse an Jungs.« Ich nahm es ihr damals nicht ab, aber später mußte ich mich überzeugen, daß sie es tatsächlich so meinte, und doch bleibt so etwas eine Seltenheit. Die meisten haben jemanden, den sie gerne haben. Solange der Junge noch frei ist, spricht auch nichts dagegen.

Ein Mädchen sollte sich aber vor einer tiefen Liebe zu einem bestimmten Jungen hüten. Das kann bei einem Mädchen leicht passieren. Wenn dieser Junge später ihr Mann wird, ist das mit Sicherheit kein Problem. Doch weil man das nicht weiß, sollte man sich davor hüten. Sollte es später ein anderer sein, der um sie wirbt, kann es zu einem großen Hindernis werden, sich zu einer inneren Entscheidung durchzuringen, oder später auch in der Beziehung zueinander. Darum sollte ein Mädchen darin die Grenzen nicht überschreiten. Wo die Grenze ist, muß jeder selbst feststellen, wie weit man darin gehen kann, um ungeschadet davonzukommen.

Sei nicht aufdringlich

Nicht selten können Mädchen ihre Empfindungen für einen Jungen nicht verbergen. Die Gefühle beherrschen ihr Leben, und sie fallen damit überall auf.

Die meisten jungen Männer mögen so ein Verhalten nicht. Es wirkt auf sie abstoßend, und sie werden dadurch ablehnend. Ein reifer und selbständiger Mann möchte selbst die Initiative ergreifen und wird eine Ablehnung empfinden, wenn das Mädchen sich so zu ihm verhält.

Bei Rebekka ist davon nichts zu merken. Die Männer waren am Brunnen, und sie kam dahin, um Wasser zu schöpfen. Wir können annehmen, daß unter ihnen nicht nur alte Männer waren. Sie zeigte keine besondere Zuneigung und bot ihre Hilfe nicht an, bevor sie angesprochen wurde.

1. Mose 24,16: »Und das Mädchen war sehr schön von Angesicht, eine Jungfrau, die noch von keinem Manne wußte. Die stieg hinab zum Brunnen und füllte den Krug und stieg herauf.«

Wenn es auch oft durch Unwissenheit geschieht, sollte ein Mädchen ihre Zuneigung doch möglichst nicht zeigen. Eine Hilfe darin ist, vor dem Herrn in Hingabe zu leben, ihm zu dienen.

Sei nicht ablehnend

Ein anderes Extrem ist, daß die Mädchen ablehnend wirken. Weil sie die Gefühle verbergen wollen, wirken sie oft genau in die entgegengesetzte Richtung, so daß ein Junge das Empfinden bekommt: »Sie ist ablehnend. Da brauch' ich's überhaupt nicht zu versuchen.« Wir Menschen sind geneigt, von einer Extreme in die andere zu fallen.

Wie soll sich das Mädchen denn verhalten? Ich würde so sagen: Verhalte Dich natürlich, mit zurückhaltender Offenheit, so daß ein Junge nicht das Empfinden bekommt: »Das Mädchen darf ich nie im Leben ansprechen.«

Bei Rebekka merken wir keine Verklemmung. Als der Knecht bei ihr um Trinken gebeten hat, lesen wir:

1. Mose 24,17.18: »... Laß mich ein wenig Wasser aus deinem Kruge trinken. Und sie sprach: Trinke, mein Herr! Und eilends ließ sie den Krug hernieder auf ihre Hand und gab ihm zu trinken.«

Nimm Dir Zeit bei der Entscheidung

Wenn ein junger Mann dich angesprochen und Dir sein Anliegen vorgelegt hat, so nimm Dir genügend Zeit, um eine ordentliche Entscheidung zu treffen. Bete, rede mit Deinen Eltern. Wenn Du ihn nicht gut kennst, wäre zu empfehlen, nachzufragen und weitere Informationen einzuholen. Am besten frage bei reifen Geschwistern im Glauben nach, die es geistlich beurteilen können.

Sei weise bei einer Absage

Es kann vorkommen, daß ein junger Mann anfragt und man von vornherein weiß, daß er nie in Frage kommt. Wie soll man sich verhalten? Bitte sei freundlich zu ihm und weise.

Ein Junge hat eben das Recht, Dich anzusprechen. Er muß seine Angelegenheit auch irgendwie klären, darum verhalte Dich zu ihm genauso, wie zu einem anderen und versuch es ihm so zu erklären, daß er nicht entmutigt wird und daß später dadurch keine Spannung entsteht. Unter Umständen seid Ihr in derselben Jugend und werdet gemeinsam das Abendmahl nehmen, und da können wir keine Spannungen gebrauchen.

Sollte Dich ein Ungläubiger fragen, so sei besonders weise zu ihm, um ihn nicht vom Glauben abzustoßen. Daß solche Beziehung unbiblisch ist und nicht in Frage kommt, ist ja klar, aber wie sagt man »Nein« zu ihm? Ich würde vorschlagen, daß man in diesem Fall das »Nein« besonders gut begründen muß. Vielleicht kannst Du z.B. sagen: »Ich hätte sonst nichts gegen unsere Beziehung, aber ich bin gläubig und von der Bibel her darf ich es nicht tun. Mir ist

biblischer Sicht 69

mein Herr sehr wertvoll, und ich möchte ihm gehorsam sein.«

Stefan, ein junger Mann von ca. 21 Jahren, kam ganz traurig zum Prediger. Auf die Frage des Predigers, was mit ihm wohl wäre, teilte er mit, daß ein Mädchen den Heiratsantrag abgelehnt hätte, und zwar mit der Begründung, daß er nicht gläubig (bekehrt) sei. Nun wollte er sich auch für Jesus entscheiden.

Obwohl er sich erst später aufrichtig bekehren konnte und ein anderes Mädchen heiratete, war die Begründung des Mädchens für ihn ein wesentlicher Anstoß zu seiner Bekehrung.

Partnerwahl aus

Fragen und Antworten zur Wahl des Ehepartners

Bestimmte Fragen kommen in den Gesprächen mit jungen Menschen immer wieder vor. Ich hoffe, daß wir die meisten Fragen durch die Bibelbetrachtung von 1. Mose 24 beantwortet haben. Auf einige weitere Fragen, die auch immer wieder gestellt werden, wollen wir noch kurz eingehen.

1. In welchem Alter darf man einen Ehepartner wählen?

Antwort: Ich kenne keine Bibelstelle, die uns lehrmäßig eine deutliche Antwort gibt. Von daher wird von Land zu Land, Kultur zu Kultur, Gemeinde zu Gemeinde, so auch Familie zu Familie das Alter sehr verschieden sein.

Zwei Ratschläge möchte ich zur Orientierung mitgeben:

1. Ein junger Mann sollte auf ein Mädchen nur dann zugehen, wenn er vorhat, eine Familie zu gründen und auch in der Lage ist, es zu tun, d.h. daß er reif ist und finanziell auf eigenen Beinen stehen kann.

2. Da, wo Du wohnst, oder in der Gemeinde, wo Du Dein geistliches Zuhause hast, gibt es mit Sicherheit eine Heiratsgrenze. Ein Alter, wo ein jeder sagen würde: Das ist gut, das ist nicht zu jung und auch nicht zu alt. Richte Dich danach.

2. Darf man Verwandte heiraten?

Antwort: Eine Heirat mit nahen Blutsverwandten ist uns von der Bibel her verboten. Das können wir in 3. Mose 18, 3. Mose 20 und 5. Mose 27,20-23 nachlesen.

Selbst bei Verwandten, die nicht unter das Verbot fallen, sollten wir vorsichtig sein, denn es können gesundheitliche Probleme bei den Kindern auftreten. Besonders dann, wenn solch eine Heirat bei den Eltern, Großeltern usw. schon einmal vorgekommen ist.

3. Ich bin bei der Wahl des Ehepartners ganz sicher. Aber meine Eltern sind damit nicht einverstanden. Was soll ich tun?

Antwort: Die Zustimmung der Eltern gehört zu den 7 Prinzipien aus 1. Mose 24, woran wir den Willen Gottes erkennen. Von daher können wir uns nie ganz sicher sein, wenn die Eltern nicht mitgehen können.

Wenn es auch schwer fällt, so nimm die innere Haltung ein, den Eltern zu gehorchen. Wenn sie

»Nein« sagen dann heißt es »Nein«. Dann ist es eben nicht der Weg für Dich, und weil der Herr von den Kindern Gehorsam erwartet, wird er diese Entscheidung reichlich segnen.

Vielleicht wirst Du jetzt sagen: »Aber können die Eltern nicht auch einen Fehler machen?«

Sicher können die Eltern auch Fehler machen. Wenn Du so ein Empfinden hast, dann rate ich Dir, den Eltern ganz offen zu sagen, daß Du es anders siehst, aber wenn sie so denken, wirst Du Dich unterordnen müssen. Laß dir Zeit, habe Geduld und bete viel, daß der Herr Euch eine Einmütigkeit in dieser Frage schenken möchte. Sollten die Eltern verkehrt gedacht haben, wird der Herr an ihnen arbeiten. Aber wenn ihre Entscheidung so bleibt, dann nimm es aus Gottes Hand und laß Dich korrigieren.

4. Wie soll ich mich dem Jungen gegenüber verhalten, den ich lieb habe?

Antwort: Verhalte Dich natürlich, normal, wie zu allen anderen, obwohl das nicht immer einfach ist.

Wirke nicht ablehnend, daß der Junge nicht das Empfinden bekommt, Du möchtest von ihm nichts wissen. Ein junger Mann sagte zu mir: »Das eine Mädchen hab' ich sehr gerne, aber da wage ich mich nicht dran.« Er meinte, daß er bei ihr sowieso nicht ankommen würde, obwohl ich diese Meinung gar nicht so mit ihm teilen konnte, aber er hat es nie gewagt.

Wirke nicht anhänglich. Für die meisten Jungen wirkt das billig und abstoßend. Sie mögen es einfach nicht. Sicher gibt es auch andere Jungen, aber ob das die besten Ehemänner sind, ist fraglich. Ein natürliches Verhalten in dieser Situation muß gelernt werden. Einem fällt es leichter, dem anderen schwerer.

5. Darf ein Mädchen einen Jungen ansprechen?

Antwort: Diese Frage tritt immer häufiger auf und wird uns in Zukunft wohl noch häufiger begegnen. Der Grund ist, glaube ich, unsere endzeitliche Zeit mit den Emanzipationsbewegungen. Wie es auch immer sei - unter Christen sollte es nicht so sein. In 1. Mose 24 hat Isaaks Haus die Initiative ergriffen und nicht Rebekkas. Auch aus dem Zusammenhang der ganzen Bibel können wir deutlich entnehmen, daß der Bräutigam, der Mann, die Initiative ergriffen hat und nicht die Frau. Ob ein Mann, der nicht in der Lage ist, die Initiative zu ergreifen, auch ein Ehemann werden kann? Und umgekehrt auch: Ob ein Mädchen, das so vorangeht, eine gute Ehefrau werden kann?

6. Mädchen sagen oft: »Wenn ich ihm absagen würde, dann gibt der Junge die Gemeinde auf.« Oder: »Wenn ich »Nein« sage, kommt der Junge nie zum Glauben. Was soll ich tun?«

Antwort: Vor Jahren kam ein Mädchen ganz verlegen zu mir und teilte unter anderem Folgendes mit. Zu ihr wäre ein Junge gekommen, der vorher schon bei einem anderen Mädchen ohne Erfolg gewesen sei. Er hat ihr von vornherein gesagt, wenn sie ihm absagen würde, dann wäre alles aus: Glaube, Gemeinde usw.

Ein anderes Mädchen sagte unter Tränen: »Ich habe Angst. Wenn ich ihm absage, wird er nie mehr zur Jugendstunde kommen und sich nie bekehren.«

Mädchen fühlen sich in solchen Situationen sehr verantwortlich. Bei ihnen kommt immer wieder der Gedanke: »Und wenn der Junge nie zum Glauben kommt oder im Glauben Schiffbruch erleidet? Dann bin ich schuld. Aber ihm "Ja" zu sagen? Das geht auch nicht.« Entweder ist er ungläubig, oder das Mädchen empfindet einfach nichts für diesen jungen Mann. Sie sieht es nicht als Führung Gottes und so ist man in einer Zwickmühle.

Wir finden nirgendwo in der Bibel, daß eine Ehe ein Mittel ist, um Menschen zu retten oder im Glauben zu erhalten. Von daher sollte man sich in solchen oder ähnlichen Situationen ganz frei fühlen und die Folgen dem Herrn überlassen.

7. Darf man um Zeichen bitten?

<u>Antwort</u>: Ich würde es nicht empfehlen, obwohl es z.B. Gideon im altes Testament getan hat, und Gott sich dazu bekannte.

Gideon hatte sehr gut verstanden, was Gott von ihm erwartete, aber ihm fehlte es an Glauben. Mehrere Male mußte Gott es ihm durch Zeichen bekräftigen. Was Gott aber von uns erwartet ist schlichter Glaube. Glaube an sein Wort, wie z.B. von Abraham gesagt wird, daß er Gott glaubte, obwohl er Grund genug hatte, um Zeichen zu bitten. Er verstand aber das Wort des Herrn und glaubte daran.

Wenn wir um Zeichen bitten, so schließen wir auch die vorher besprochenen Prinzipien aus. Wir brauchen nicht überlegen, sprechen, beobachten usw. Aber so ist es ja nicht gedacht bei der Wahl des Ehepartners.

Andersherum diktieren wir Gott. Er muß jetzt etwas tun. Wer sind wir? Darüber hinaus haben wir im neuen Testament den heiligen Geist, der uns sehr gerne leitet, führt und zu uns spricht. Das können wir oft in der Bibel lesen, z.B. in der Apostelgeschichte. Der Geist wehrte, also ließ nicht zu, oder der heilige Geist rief und die Betroffenen gingen. So soll es auch

Partnerwahl aus

in der Frage der Wahl des Ehepartners sein. Wir beten, richten uns nach den Prinzipien und lassen uns vom heiligen Geist führen.

Das Fordern von Zeichen hat schon viel Verwirrung angerichtet, und überhaupt ist es zu billig, daß wir z.B. ein 5-DM-Stück nach oben werfen und schauen, wie es landet, ob unsere Gebete in Erfüllung gegangen sind oder nicht. Damit habe ich nicht gesagt, daß Gott nicht auch einmal gnädig ist und sich unserer Schwachheit annimmt, wenn jemand in seiner Notsituation um Zeichen bittet.

8. Wie lange darf eine Freundschaft dauern?

Antwort: Die Antwort ist auf eine Jugendgruppe zugeschnitten. Auf Menschen, die sich gut kennen.

Erstens kennt die Bibel keine Zeit der Freundschaft, sondern eine Verlobungszeit.

Zweitens ist es kein vorgeschriebenes Gesetz, aber ich würde aus mehreren Gründen, die ich hier nicht aufführen möchte, Folgendes empfehlen: Sobald ein junges Paar sich klar ist, daß sie von Gott her füreinander bestimmt sind, sollten sie sich verloben, die Verlobungszeit in Reinheit auf die Ehe hin führen und innerhalb eines Jahres heiraten.

9. Meine Eltern sind ungläubig und möchten nicht, daß ich einen (eine) Gläubigen (Gläubige) heirate. Was soll ich tun?

Antwort: Daß Eltern so sind, kommt selten vor, denn daß Du Mitglied in einer Gemeinde bist und in der Jugend mitmachen kannst, spricht dafür, daß sie nicht ganz ablehnend sind.

Ich möchte Dir ein paar Dinge zum Bedenken mitgeben. Vielleicht schenkst Du Deinen Eltern zu wenig Vertrauen, oder Dein Glaubensleben zu Hause reizt sie nicht, weil es voller Widersprüche ist, oder vielleicht hast Du ein ganz schlechtes Verhältnis als Christ zu Deinen Eltern usw. Überlege, ob sich vielleicht in Deinem Leben etwas ändern sollte. Oder Du machst Dir zu früh Gedanken über dieses Thema. Wenn es später um einen konkreten Jungen oder Mädchen gehen wird, kann alles anders aussehen.

Sollte es doch am Ende so sein, daß die Eltern keinen »Gläubigen« (keine Gläubige) haben möchten, dann gilt das Wort aus Apostelgeschichte 5,29: »Man muß Gott mehr gehorchen als den Menschen.« Gott und sein Wort haben Priorität.

Partnerwahl aus

10. Welche Bedeutung hat die Meinung der Geschwister in der Gemeinde bei der Wahl des Ehepartners?

<u>Antwort</u>: Die Gemeinde ist unsere geistliche Familie. Wir sind alle, Jung und Alt, durch den Glauben an Jesus Kinder eines Vaters im Himmel geworden. Wir haben einen geistlichen Vater und sind untereinander Geschwister.

Ich freue mich, wenn ältere Geschwister fragend sind im Blick auf die Wahl des Ehepartners bei der Jugend. Sie interessieren sich, sie leben mit.

Von daher wäre es gut, wenn wir uns die Meinung der Geschwister in der Gemeinde über unser Vorhaben einholen. Sicher können wir es nicht mit allen durchsprechen, aber mit denen, deren Vertrauen wir haben und die den Herrn lieb haben.

Wenn nach einer Entscheidung die Geschwister schwer seufzen und es ihnen schwerfällt, sich darüber zu freuen und Euch den Segen zu wünschen, dann ist es eine große Frage, ob es Gottes Wille ist. Jemand sagte: »Eins ist mir klar: Wenn es Gottes Wille ist, werden sich die Geschwister, allgemein gesehen, darüber freuen.«

J. Carl Laney

"... bis der Tod euch scheidet?"

Scheidung und
Wiederverheiratung

Scheidung und Wiederverheiratung

Eine der am häufigsten gestellten Fragen in Bezug auf das biblische Eheverständnis ist: "Dürfen geschiedene Menschen wieder heiraten?" Mit viel Einfühlungsvermögen und Herzenswärme stellt Dr. Laney fest, daß Jesus Christus die viel fundamentalere Frage behandelt, nämlich: "Sollten sich verheiratete Menschen scheiden lassen?"

Mit diesem Buch soll allen an der Antwort auf dieses Thema Interessierten, biblisch fundiertes Material geliefert werden. Jedem noch so kleinen Hinweis in der Heiligen Schrift geht der Autor sorgfältig nach. Auf diese Weise entsteht eine schlüssige, biblische Beweiskette für die Position: "Scheidung und Wiederverheiratung entsprechen nicht den Gedanken Gottes."

Dieses Buch ist zu bestellen bei:
Christliche Missions-Verlags-Buchhandlung
Elverdisser Str. 29, 33729 Bielefeld
Tel.: 0521/9774974; Fax.: 0521/9774969